Hernán Cortez
civilizador ou genocida?

Conselho Acadêmico
Ataliba Teixeira de Castilho
Carlos Eduardo Lins da Silva
Carlos Fico
Jaime Cordeiro
José Luiz Fiorin
Tania Regina de Luca

Proibida a reprodução total ou parcial em qualquer mídia
sem a autorização escrita da editora.
Os infratores estão sujeitos às penas da lei.

A Editora não é responsável pelo conteúdo deste livro.
O Autor conhece os fatos narrados, pelos quais é responsável,
assim como se responsabiliza pelos juízos emitidos.

Consulte nosso catálogo completo e últimos lançamentos em **www.editoracontexto.com.br**.

GUERREIROS

HERNÁN CORTEZ
CIVILIZADOR OU GENOCIDA?

Marcus Vinícius de Morais

Copyright © 2011 do Autor

Todos os direitos desta edição reservados à
Editora Contexto (Editora Pinsky Ltda.)

Imagem de capa
Biombo de la conquista (detalhe), século XVII

Montagem de capa e diagramação
Gustavo S. Vilas Boas

Coordenação de texto
Carla Bassanezi Pinsky

Preparação de textos
Lilian Aquino

Revisão
Patrícia de Almeida Murari

Dados Internacionais de Catalogação na Publicação (CIP)
(Câmara Brasileira do Livro, SP, Brasil)

Morais, Marcus Vinícius de
Hernán Cortez : civilizador ou genocida? /
Marcus Vinícius de Morais. – São Paulo : Contexto, 2023.

Bibliografia.
ISBN 978-85-7244-642-6

1. Cortez, Hernán 2. Marquês do vale de Oaxaca, 1485-1547
I. Título.

11-02427   CDD-920.71

Índice para catálogo sistemático:
1. Homens : Biografia   920.71

2023

EDITORA CONTEXTO
Diretor editorial: *Jaime Pinsky*

Rua Dr. José Elias, 520 – Alto da Lapa
05083-030 – São Paulo – SP
PABX: (11) 3832 5838
contato@editoracontexto.com.br
www.editoracontexto.com.br

"Existem aventuras às quais você é lançado, como tornar-se um guerreiro. Às vezes não era sua intenção, mas de repente você se vê ali. Você enfrenta a morte e a ressurreição, veste um uniforme e se torna outra coisa."

(Joseph Campbell)

Dedico este livro à memória do meu querido avô espanhol Jesus Juan Herrero Alvarez
E à memória do professor chileno Héctor Hernán Bruit
Cada um ao seu modo me ensinou um pouco sobre a Espanha e sobre a América

Sumário

Na trilha do conquistador.. 11

Da morte à imortalidade 17
    O fim e o começo 17
    A ossada de Cortez 19

O nascimento do guerreiro 23
    Origem humilde.. 23
    A conquista de Granada e a expulsão dos judeus.............. 27
    Cristóvão Colombo e a América.. 29
    O "destino" de Cortez 30

A formação do guerreiro 37
    Cortez chega à ilha Espanhola... 37
    Primeiros atritos com Velásquez... 39
    Carlos v e o Império Cristão.. 41
    Primeiras expedições continentais 43
    A expedição ao México 46
    O rompimento definitivo entre Cortez e Velásquez............ 48

A Marcha de Cozumel 53

Cozumel 53

O primeiro conflito 56

Malinche e os mensageiros de Montezuma 57

Quetzalcóatl 61

Cempoala e o Cacique Gordo 63

Disputas com Velásquez 66

De Vera Cruz a Tenochtitlán 73

De Vera Cruz a Cempoala 73

De Cempoala a Tlascala 76

Em terras tlascaltecas 78

Astúcias dos tlascaltecas e acordos de paz 80

Cholula 85

Em direção a Tenochtitlán 89

Os antecedentes da conquista 93

Encontro com Montezuma 93

O episódio Panfilo Narvaes 99

A matança do Templo Maior 100

A morte de Montezuma e a nova postura asteca 102

A Noite Triste 104

Em Tlascala 106

A conquista de Tenochtitlán 109

Os preparativos 109

Os bergantins e os soldados de Cortez 112

Acertos finais 115

Tenochtitlán sitiada 118

Prisão de Cuautemoc e fim da guerra 120

Reflexões sobre a conquista 124

Mar do Sul e novas conquistas 130

Outras campanhas, novos problemas ... 133

Após a derrota asteca ... 133

Michoacán ... 134

O tesouro de Carlos v ... 135

O mistério sobre a esposa de Cortez ... 136

O reconhecimento real ... 138

A Nova Espanha: primeiros momentos ... 141

A conquista espiritual dos índios ... 141

A expedição para Honduras ... 143

O poder de Cortez no México ... 147

Isolamento político de Cortez ... 150

O primeiro retorno à Espanha ... 150

Em terras europeias ... 152

A última trilha do conquistador ... 155

O Julgamento de Residência ... 155

A Nova Espanha: última estada ... 157

Explorações no Pacífico ... 159

Primeiras expedições ao Mar do Sul ... 160

Cortez no Mar do Sul ... 162

Os últimos momentos de Cortez na América ... 163

Cartas ao rei ... 165

Humilhações e conversas ... 166

Dívidas e solidão ... 168

A morte do conquistador ... 169

O mito e a memória do conquistador ... 173

Várias imagens ... 173

Tradições da narrativa europeia ... 174

O Cortez conquistador: por Hernán Cortez ... 175

A defesa dos índios e o outro Cortez ... 176

A nação mestiça e o século xix: Cortez esquecido ... 178

Cortez no muralismo da Revolução Mexicana ... 182

Ponto final ... 186

Posfácio do historiador Leandro Karnal 189

Cronologia 193

Fontes e documentos 199

Bibliografia 201

O autor 203

Agradecimentos 205

Na trilha do conquistador

Hernán Cortez é um dos grandes personagens das aventuras europeias nos tempos dos descobrimentos. Conquistador, estrategista, manipulador, astuto, sanguinário, piedoso, cruel, amado, odiado, culto, conhecedor de leis, muitos foram os adjetivos atribuídos a ele ao longo dos séculos. Todos concordam, contudo, que sua figura é indissociável da conquista da América e das violentas guerras travadas entre espanhóis e indígenas.

Ao aportar no Novo Mundo, Cortez, como tantos outros, ficou impressionado com as paisagens exuberantes e a natureza exótica. A Espanha, no início do século XVI, era muito diferente. Os povoados e cidades conhecidos por Cortez, sujos e cheios de gente, contrastavam, de forma brutal, com os espaços americanos. Assim, o verde abundante encontrado na América pareceu ainda mais vivo aos olhos do espanhol. A grande variedade de frutos, os pássaros multicoloridos e as águas abundantes e límpidas remetiam à imagem bíblica do paraíso terrestre, com que os europeus tanto sonhavam. Os grandes rios, as quedas d'água, as montanhas impressionantes e os lagos enormes, aos poucos, completaram esse quadro idílico.

Mas logo o céu se transformou em inferno. Animais ferozes, chuvas torrenciais, pântanos, insetos terríveis e plantas venenosas tornaram-se pesadelos para Cortez e seus homens nas expedições de reconhecimento e conquista que empreendiam nas novas terras. As febres altas, as doenças fatais, o calor insuportável e a resistência dos nativos diante dos conquistadores rapidamente destruíram a utopia edênica. Os obstáculos da natureza e a violência indígena foram então tomados como provas da presença do demônio na América, que precisava, com urgência, ser domada por homens tementes a Deus. Como prêmios: glória, poder e riqueza. Cortez, religioso, mas também pragmático e ambicioso, tomou para si a tarefa e acabou como protagonista de alguns dos episódios mais violentos da história da América.

Relatos, cartas, memórias e diários de viagens, lugares em que fantasia e realidade se misturam, nos permitem reconstruir a extraordinária epopeia desse guerreiro espanhol. Nascido no humilde povoado de Medelim, Hernán Cortez passou grande parte de sua juventude sem se destacar até viajar para a América em busca de fama e tesouros. Em outubro de 1518, foi escolhido pelo governador de Cuba para liderar, como capitão, centenas de soldados. Cortez e seus homens tinham como missão estabelecer contatos com grupos indígenas e dar continuidade à exploração do continente americano em favor da Espanha.

Após partir de Cuba e chegar ao litoral habitado por nativos que falavam o idioma maia, Cortez soube da existência de uma sociedade complexa, rica e poderosa, que vivia mais adiante, no interior do território. De fato, na região do vale do México, as cidades de Tenochtitlán, Texcoco e Tlacopan formavam a chamada Confederação Mexica e exerciam enorme poder sobre outros grupos indígenas. Os povos dominados pagavam pesados impostos aos mexicas e sua obediência era garantida pelo medo que tinham dos exércitos, das prisões e dos violentos rituais religiosos praticados pelos mexicas envolvendo sacrifícios humanos.

O poder mexica se baseava na força militar e comercial de suas cidades, que contavam com muitos soldados e eram beneficiadas por um intenso comércio de grãos, sobretudo o milho, desenvolvido em todo o vale.

Cortez lançou-se ao interior do continente americano em busca dessa tão poderosa civilização. Queria ouro, mas também se dizia fiel ao monarca espanhol e aos desígnios de Deus, assim, justificava suas ações como conquistas da Espanha e da Igreja Católica.

Com a ajuda de índios aliados, que viram nos europeus uma chance de se libertar do domínio mexica, e valendo-se de poderosas armas de fogo, Cortez alcançou e atacou os mexicas, iniciando dois anos de intensas batalhas. Montezuma era o líder de Tenochtitlán no momento da chegada de Cortez e foi identificado como seu maior inimigo.

Ao final, mesmo exaustos e famintos, os espanhóis e seus aliados conseguiram sitiar e, depois, invadir a cidade de Tenochtitlán, que então sucumbiu. Acabava, de uma vez por todas, o poder da Confederação Mexica. A campanha liderada por Cortez entraria para a História da cultura ocidental.

A partir de 1521, o guerreiro espanhol conheceu a glória. Recebeu títulos de nobreza e garantiu, junto ao rei, diversos privilégios que se estenderiam a seus filhos. Em sua honra, foram celebradas festas e, em seu nome, missas foram rezadas. Após essa data e por um bom tempo, parte significativa da América esteve em poder de Cortez. No mundo colonial espanhol que pôde ser construído graças à vitória sobre os mexicas, Cortez criou laços, estabeleceu vínculos, teve filhos, mulheres, amigos, inimigos e foi senhor temido e respeitado.

A conquista do território indígena deveria ser completada com a conquista espiritual dos nativos, aumentando o rebanho de fiéis da Igreja Católica. A crença na necessidade de fazer do Novo Mundo um mundo cristão à imagem e semelhança da velha Europa também pautou a ação de Cortez na América. Em pouco menos de três anos, a pedido do próprio Cortez, vieram os padres franciscanos, para começar a evangelizar os indígenas.

O contato entre culturas e o consequente choque de valores de sociedades distintas marcariam os primeiros momentos da presença espanhola nas terras americanas conquistadas, agora rebatizadas de Nova Espanha pelo próprio

Cortez. A partir de então, um novo mundo aos poucos se ergueu e outra sociedade, mestiça, sincrética, nem europeia e nem indígena, começou a ser formada. A inscrição, visível até hoje, em uma placa colocada na Praça das Três Culturas, no antigo mercado de Tlatelolco, não deixa esquecer: "não foi triunfo nem derrota, foi o doloroso nascimento do povo mestiço que é o México de hoje". Portanto, a conquista liderada por Cortez marcou de modo decisivo a vida de milhares de pessoas, ontem e sempre.

A figura do guerreiro espanhol oscila, como um pêndulo, entre o símbolo máximo do conflito, da destruição provocada pelas guerras de conquista, e a representação do nascimento de um mundo novo. É como afirmou o poeta mexicano Octavio Paz: "a morte como nostalgia e não como fruto ou fim da vida equivale a afirmar que não viemos da vida, mas sim da morte".

Não é possível separar Cortez da América. A História os uniu para sempre.

★ ★ ★

Breve explicação a respeito
das terminologias usadas nesta obra:

A denominação dupla México-Tenochtitlán, que aparece em vários documentos, para a cidade dos *mexicas* (também chamados de *astecas*), gera curiosidade e pode confundir o leitor.

O termo "Tenochtitlán" significa "terra do *tenochtli*"; *tenochtli* é uma espécie de cacto, figueira-da-barbária, de fruto duro, que brota nos rochedos. A origem da palavra "México", por sua vez, ganhou duas explicações. O símbolo da cidade era a águia devorando uma serpente, sendo que a águia representava a divindade *Mexitl* (outra denominação para o deus do sol Huitzilopochtli). A outra explicação diz que o termo México vem das palavras *metztli* ("a Lua") e *xictli* ("umbigo" ou "centro"), portanto, México significa "a cidade que está no meio do lago bem abaixo da lua" e, de fato, a cidade foi construída em cima de um lago, o Texcoco.

Neste livro, a cidade de México-Tenochtitlán será chamada apenas de Tenochtitlán até o momento da conquista espanhola. Após a conquista, será designada como México. Os habitantes dessa cidade serão chamados de astecas ou mexicas, sem distinção, apesar de alguns estudiosos reconhecerem diferenças sutis entre essas duas denominações. O termo *nahuas,* que corresponde a todos os grupos indígenas que falavam o idioma náuatle (entre eles, os mexicas), não será usado aqui.

DA MORTE À IMORTALIDADE

O FIM E O COMEÇO

Cortez penhorou suas joias, vendeu uma de suas casas e ditou seu testamento. Incomodado com inúmeras dívidas e cansado de receber visitas, mudou-se para o pequeno povoado chamado Castilleja de La Cuesta, de poucos habitantes, a 5 km de Sevilha. Praticamente se isolou.

Velho e cansado, sofrendo de cólicas e disenteria, Cortez em nada se parecia com o destemido soldado de tempos atrás, protagonista de aventuras inimagináveis no coração da América. Agora, de nada lhe adiantavam as antigas glórias

Representação de Cortez já mais velho, com ar piedoso e compassivo, mas com vestimenta militar e plumas, indicando condição de nobreza.
[*Hernán Cortez* (séc. XVII), anônimo.]

e as honras pelas quais tanto lutara. A força, a energia e a coragem do guerreiro haviam sido minadas pela ação impiedosa do tempo. As mesmas mãos que empunharam tantas espadas, não tinham vitalidade nem mesmo para assinar documentos, precisando de ajuda para segurar a pena. Foi assim, debilitado, que o capitão espanhol passou seus últimos dias. Nas horas de maior agonia pôde contar apenas com os cuidados de Joana de Quintanilha e do amigo e médico Cristóvão Mendes.

O capitão Cortez viria a falecer numa sexta-feira, aos 62 anos, no dia 2 de dezembro de 1547, 26 anos após a conquista da grande Tenochtitlán. Sua partida teve poucas testemunhas: seu filho Martim, um padre, um primo e um amigo. O ritual fúnebre completou-se dois dias depois, quando o corpo finalmente foi enterrado após ser levado em cortejo acompanhado por capelães das paróquias vizinhas.

A morte de Cortez, contudo, marcou alguns começos. Suas proezas e aventuras foram registradas e relatadas como feitos importantíssimos, que se tornaram lendários e passaram a ocupar as páginas da História. Como personagem histórico, Cortez virou figura polêmica: herói ou vilão? Perverso ou piedoso? Político ou sanguinário? Fiel ou maquiavélico? E passou, então, a ser julgado pelo tempo. Sua imagem seria interpretada, construída e reconstruída de diversas maneiras ao longo da história e seus diferentes períodos, de acordo com interesses e questionamentos variados. Assim, uma vida – repleta de viagens, aventuras, guerras e paixões – adquiriu diferentes significados com o passar dos séculos. Povos e épocas distintos constituiriam memórias próprias do capitão espanhol, e o fazem até hoje. Assim, não é arriscado afirmar que sempre existirão diversos "Cortezes", respondendo às angústias e aos problemas dos homens que leem a história sob distintas óticas.

Diante de tal figura, cabe, então, a mesma interrogação proposta por Hamlet: "Você está à altura do seu destino?".

A OSSADA DE CORTEZ

O corpo de Hernán Cortez continuou a viajar e a aventurar-se depois de seu cortejo fúnebre: seus ossos sofreram muitas exumações e passaram por diversos enterros. De alguma maneira, o périplo dos restos de Cortez, ao longo de quatro séculos, parece ser um reflexo da história do México e da própria conquista espanhola. Quase como uma maldição, o descanso eterno não lhe foi concedido.

Logo no ano de 1550 houve um segundo enterro. Os ossos foram trocados de cova, mas mantiveram-se no mesmo monastério, agora ao lado do altar de Santa Catarina. Eles tiveram que mudar de sepulcro para dar lugar aos restos mortais do duque de Medina, o dono da cova.

Dezesseis anos depois, os mesmos ossos foram finalmente levados à Nova Espanha, cumprindo a vontade expressa no testamento do capitão espanhol. Foram depositados ao lado dos de seu filho, Luis Cortez, e de sua mãe, dona Catalina Pizarro Cortez, na igreja de São Francisco de Texcoco. Em 1629, nova mudança. Foram levados ao convento de São Francisco do México e enterrados junto aos do neto Pedro Cortez, recém-falecido.

Uma reforma nessa igreja, em 1716, obrigou ao quinto enterro. Setenta e oito anos depois, seguiram para a igreja de Jesus Nazareno, próxima ao hospital de mesmo nome, um dos primeiros hospitais da América, fundado pelo próprio Cortez em 1524 para atender os feridos das batalhas da guerra de conquista.

Na primeira metade do século XIX, o movimento de independência que ganhava corpo na América fez com que tudo o que lembrasse a conquista espanhola fosse execrado, esquecido e destruído. Com medo de que os ossos

Fachada da igreja de Jesus Nazareno, na Cidade do México, local onde se encontra a sepultura do conquistador espanhol.

O discreto túmulo de Cortez sugere que os mexicanos preferem não associá-lo a grandes feitos.

fossem roubados e queimados, religiosos ligados à igreja de Jesus Nazareno providenciaram um sétimo enterro, em 1823, tratando de esconder a ossada secretamente no chão da igreja. Em 1836, a ossada foi depositada na parede da mesma igreja, para que ficasse livre da umidade. Os responsáveis por isso assinaram um documento, secreto, indicando o paradeiro dos restos de Cortez.

Assim, durante 110 anos, o local dos ossos foi um grande mistério. Aqueles que perguntavam, de tempos em tempos, pelo paradeiro da ossada acreditavam que ela estava na Itália, guardada pelos sucessores do marquesado, ou em algum lugar desconhecido na Espanha. Somente em 1946, o documento de 1836 foi encontrado por um grupo de historiadores. No dia 9 de julho, depois de exaustivamente estudados,[1] os ossos foram devolvidos à igreja de Jesus Nazareno, na Cidade do México, onde permanecem até hoje. No local, uma simples inscrição destaca as datas de nascimento e morte de Cortez e um mural inacabado, do pintor José Clemente Orozco, a respeito do Apocalipse, remete às ações do conquistador: cenas apocalípticas parecem ser convenientes para ilustrar a trajetória de destruição do antigo e de construção do novo atribuída a Hernán Cortez.

O fato de seus ossos permanecerem, até hoje, em uma igreja afastada, pouco visitada e de difícil acesso, na antiga Tenochtitlán, é revelador do lugar que o México reserva a Cortez na História nacional: os mexicanos preferem não dar a essa figura ambígua e controvertida o mesmo destaque destinado aos homens que consideram verdadeiramente dignos de lembrança e honrarias.

NOTA

[1] De acordo com os estudos realizados a partir da ossada do espanhol, ele tinha cerca de 1,58 m de altura – normal para os padrões da época – e pesava por volta de 55 kg por ocasião de sua morte. José Luis Martínez, *Hernán Cortés*, México, FCE, 1990, p. 793.

O NASCIMENTO DO GUERREIRO

ORIGEM HUMILDE

A Espanha, em fins do século XV e início do XVI, abrigava uma população aproximada de oito milhões de habitantes[1] – um número significativo para os padrões da época, considerando que o território havia sofrido anos e anos com pestes, epidemias e guerras.

Toledo, Sevilha e Granada eram as maiores cidades espanholas, com cerca de cinquenta mil pessoas. Madri tinha perto de trinta mil residentes, ao passo que Valência e Barcelona aproximadamente 25 mil. Sevilha, por sua vez, possuía o

24   HERNÁN CORTEZ, CIVILIZADOR OU GENOCIDA?

importante porto de Guadalquivir e cobiçava as riquezas advindas do tráfego comercial do Atlântico, controlado pelos portugueses desde o início do século XV. Entretanto, em geral, a região conhecida como Espanha era povoada por cidades relativamente pequenas, aldeias e vilarejos, e era essencialmente rural. A agricultura, o pequeno comércio e a pesca sustentavam a maioria da população. Móveis, tapetes, roupas e pinturas eram, em geral, artigos importados. Ferro, lã, vinhos e frutas, entretanto, eram produzidos de maneira mais significativa e chegavam a alcançar o mercado externo.

No ano de 1485, veio ao mundo Hernán Cortez Monroy Pizarro Altamirano[2]. Cortez nasceu na pequena vila de Medelim, na região central de Extremadura, que se localizava ao sul do rio Douro.[3] Como tantos outros, Medelim era um povoado de alguns poucos mil habitantes. Ficava distante das principais rotas comerciais, mas era rico em frutas, cereais e videiras. Também tinha um bom moinho de trigo, um apiário, uma vinha e sobrevivia graças à venda desses produtos. Suas casas simples e rústicas eram feitas de pedra. A oposição entre a luz do dia e a calada da noite determinava o cotidiano das pessoas, e a vida pacata do local onde nasceu Cortez estava longe da agitação das grandes cidades da Espanha naquela mesma época.

Entretanto, apesar de ter nascido em um povoado pequeno e simplório, Cortez também era filho de um verdadeiro Estado moderno europeu, que surgira a partir do casamento dos reis Fernando II, de Aragão, e Isabel I, de Castela, no ano de 1469. A centralização política e a unificação de fronteiras, impostos e idioma decorrentes da união de dois dos mais poderosos reinos da península ibérica fizeram aumentar os rendimentos fiscais de modo impressionante. Secretários profissionais trabalhavam diretamente sob as ordens dos soberanos, despachando assuntos cada vez mais numerosos. A máquina do Estado foi racionalizada e modernizada durante o final do século XV e o absolutismo espanhol ganhou força ao lado de heranças e tradições medievais que ainda mantinham sua influência. A Igreja Católica e a nobreza, por exemplo, permaneciam os grandes proprietários de terras.

A data exata do nascimento daquele que viria a ser peça-chave no engrandecimento da Espanha é um mistério. Alguns afirmam que Cortez nasceu em dezembro e outros apostam no mês de julho. Há ainda outra possibilidade: dia 30 de maio, Dia de São Hernán, já que era comum dar o nome dos filhos de acordo com o do santo do dia. Ainda, o avô paterno chamava-se Hernán Rodrigues de Monroy, e talvez o neto tenha sido nomeado em sua homenagem.

A Europa dos tempos de Hernán Cortez vivia à sombra da Inquisição. [*Retrato do cardeal Fernando Niño de Guevara* (c.1600), El Greco.]

Alguns acreditam que o sobrenome "Cortez" tenha uma origem italiana, ligada a antigos reis lombardos. Porém, atribuir ascendência nobre à família de Cortez é um equívoco que só se justifica pelo fato de que, à época, era senso comum que os nobres fossem pessoas dotadas de qualidades especiais. Assim, por esse raciocínio, se alguém era visto como talentoso, inabalável, heroico e habilidoso com as armas só podia ter sangue azul. Por isso, vários cronistas simplesmente atribuíram nobreza à linhagem de Cortez, numa tentativa de entender e justificar seus grandes feitos, sem se preocuparem em documentar essa afirmação.

Na verdade, os pais de Hernán Cortez eram fidalgos relativamente pobres. A família possuía poucas terras e vivia basicamente do plantio e do comércio do que conseguia produzir. Porém, mesmo sem serem ricos, gozavam de algum prestígio local por suas demonstrações de caridade para com a igreja e os desafortunados do vilarejo. Martim Cortez de Monroy, o pai, era um escudeiro, portanto, nada poderoso, que havia combatido na condição de tenente de uma companhia em sua juventude. Tanto ele quanto sua esposa, Catalina Pizarro Altamirano, foram descritos, mais tarde pelos cronistas, como pessoas devotas e caridosas. Às qualidades da mãe de Hernán, as crônicas acrescentaram ainda a reserva, o rigor e a honestidade. Descrições estas, aliás, muito condizentes com o espírito da época que valorizava a religiosidade: se os espanhóis tinham um herói, tanto ele quanto seus parentes próximos deveriam ser, necessariamente, católicos fiéis.

Gabriel Lobo Lasso de La Vega, em um poema épico de 1588, chegou a escrever que Cortez nascera para salvar a Igreja Católica (que o poeta acreditava estar ameaçada pelos ideais protestantes), já que o futuro conquistador lhe trouxe novos fiéis com a submissão dos indígenas. Seguindo essa ideia, vários escritores estabeleceram um paralelo entre Cortez e Martinho Lutero, que teriam nascido no mesmo dia e ano. As leituras religiosas da vinda de Cortez ao mundo identificaram-no como um santo, eleito por Deus para salvar o catolicismo. Se o Diabo enviou Lutero para abalar a Cristandade, Deus, no mesmo dia, fez Cortez, para combater o protestante. Essa foi uma interpretação famosa, repetida por vários autores da Era Moderna. No entanto, trata-se de uma visão construída *a posteriori*. Somente depois de Cortez ficar famoso por ter conquistado o México é que essa leitura dos fatos surgiu, ou seja, ela é uma história contada de frente para trás. Além disso, é sabido que Lutero nasceu em 10 de novembro de 1483 e Cortez, sem dúvida, apenas dois anos depois. Entretanto, o erro foi repetido, entre outros, pelo padre cronista Jerônimo de Mendieta e depois pelo frei Juan de Torquemada, o terrível inquisidor.

É muito provável que o jovem Cortez tenha frequentado muitas missas e crescido sob grande influência do discurso religioso de sua época, marcado pela intolerância para com as outras crenças e pela onipresença da Inquisição, o braço repressor da Igreja Católica.

Apesar dos esforços dos reis Fernando e Isabel, as primeiras décadas da união entre Aragão e Castela não significaram o fim acelerado das inúmeras diferenças regionais existentes. Seu reinado não conseguiu, por exemplo, unificar a moeda e nem mesmo criar um só sistema jurídico. A única instituição com força suficiente para unir administrativamente a Espanha era a Igreja Católica.

Além disso, estava claro que, no mesmo solo em que conviviam católicos, judeus, pagãos e islâmicos, as diferenças religiosas deveriam ser contornadas e o catolicismo teria que imperar. Assim, sete anos antes do nascimento de Hernán Cortez, o papa Sisto IV instituiu a Inquisição na Espanha, com pleno apoio de Fernando e Isabel, os chamados Reis Católicos. Iniciava-se então uma era sangrenta de perseguições, delações, prisões e mortes em nome de Deus e em favor da consolidação da hegemonia católica.

Nesse ambiente, era muito importante mostrar-se bom católico aos olhos de todos e, especialmente, da Igreja, que alegava ser a guardiã da verdade bíblica e a única intérprete qualificada dos desígnios de Deus.

A Europa dos tempos de Hernán Cortez era tida como uma grande comunidade cristã em busca da salvação; desvios de crenças e comportamentos inadequados ameaçariam os valores coletivos e ofenderiam Deus. Por sua vez, a fé católica e a obediência ao Senhor seriam recompensadas com a proteção e as bênçãos divinas.

Além de recorrer ao Todo-poderoso em suas orações, as pessoas acreditavam poder contar com a intervenção e os favores de seus santos de devoção, escolhidos dentre vários, de acordo com as necessidades e afinidades de cada um. O protetor de Cortez era São Pedro. Às missas oferecidas e às orações feitas ao santo, foi atribuída a cura da enfermidade que ameaçara a vida de Hernán quando criança. A partir de então, Cortez procuraria exteriorizar devoção especial ao santo.

A doença e a posterior cura de Cortez menino somaram-se, aos olhos de seus contemporâneos e biógrafos, a outras "provas" de sua predestinação para as grandes proezas que realizaria em nome de Deus e em favor da monarquia espanhola.

Enquanto o futuro conquistador ainda era uma criança, os Reis Católicos já reforçavam o seu poder e avançavam, com a ajuda da Igreja, em seu projeto de centralização política nas terras que dominavam. Por essa época, também ampliavam seu território, obtendo sucesso em diversas batalhas e garantindo suas primeiras conquistas.

Cortez tinha apenas sete anos de idade quando, ainda no reinado de Fernando e Isabel, os espanhóis tomaram Granada, expulsaram os judeus de seus domínios e chegaram à América.

A CONQUISTA DE GRANADA E A EXPULSÃO DOS JUDEUS

Durante sete séculos, os reinos católicos da península ibérica combateram os reinos muçulmanos ao sul numa guerra que chamaram de "Reconquista", pois diziam que lutavam para recuperar os territórios que lhes haviam sido roubados pelos invasores islâmicos.

Pouco a pouco, a Espanha conseguiu dominar os reinos islâmicos, até que, em janeiro de 1492, os Reis Católicos derrotaram o último governante mouro da península, o rei de Granada, Boabdil. Boabdil abriu as portas da cidade aos cristãos numa noite de domingo, "O Dia do Senhor". Os espanhóis puderam então entrar no maravilhoso palácio de Alhambra e lá fincar sua cruz. Uma salva de artilharia foi dada e o rei inimigo, sem forças para evitar os invasores, passou a ser chamado pelos espanhóis de "aquele que chorava como uma mulher, o que não conseguira defender como um homem".

A rainha Isabel de Castela foi uma das principais figuras da monarquia espanhola centralizada, que levou à expansão do cristianismo e à formação do Império Espanhol no início do século XVI. [*Retrato póstumo de Isabel de Castela* (sem data), anônimo.]

A religião católica justificava as conquistas aos mouros como uma santa cruzada contra os inimigos da fé. Nas narrativas dos cronistas, os sucessos militares eram lidos à luz das interpretações religiosas. Milagres, portanto, faziam parte do cotidiano da guerra. Em Granada, por exemplo, a peste negra e o frio teriam poupado os acampamentos dos espanhóis e o próprio Santiago teria surgido em meio às batalhas para ajudar os cristãos. Logo, o Deus verdadeiro estava com eles.

O combate aos diferentes ocorria também contra os demais habitantes da península que não eram católicos. Em 1492, Fernando de Aragão e Isabel de Castela expulsaram os judeus de seus domínios. A partir de então, quem seguisse a fé mosaica em segredo corria o risco de ser morto pela Inquisição.

CRISTÓVÃO COLOMBO E A AMÉRICA

Com a expulsão dos muçulmanos da península ibérica e tendo assegurado o domínio das terras espanholas, os Reis Católicos passaram a buscar novos horizontes para expandir seu poder, aumentar suas riquezas e levar a fé católica a um número maior de pessoas. Pensaram, num primeiro momento, em atacar islamitas no norte da África. Porém, preferiram apostar nas possibilidades da proposta apresentada pelo navegador genovês, Cristóvão Colombo.

A ideia de Colombo era encontrar, com o apoio espanhol, uma rota marítima alternativa que conduzisse à Ásia. Essa empreitada implicaria chegar ao Oriente navegando sentido oeste. Colombo prometia enriquecer a Espanha com novos produtos comerciais, novos súditos para a Coroa e novas almas para a Igreja. De fato, a perspectiva de contribuir para a vitória universal do cristianismo também animava Colombo, homem de fé, que nunca viajava aos domingos, enxergava a intervenção de Deus por toda parte – no movimento das ondas, no naufrágio de um barco, por exemplo – e acreditava estar imbuído de uma missão divina. Essa visão religiosa era compatível com a da Coroa espanhola, que imaginava para si um destino grandioso envolvendo o domínio de grandes territórios e a responsabilidade pelo triunfo do cristianismo sobre todas as outras crenças. Alexandre VI, o papa na época, alimentava tais esperanças identificando as figuras do leão – que representava a dinastia de Castela – e do cordeiro – que simbolizava a de Aragão – com uma famosa imagem bíblica que transformava a milagrosa coexistência desses dois animais no sinal precursor da vinda do Messias.

Colombo obteve o aval para sua aventura e partiu do porto de Palos no dia 24 de agosto de 1492, rumo às Índias, no comando de três caravelas. Em 12 de outubro desse mesmo ano, os navegantes alcançaram terra firme. Colombo não chegou às Índias, mas chegou ao Caribe, especificamente à ilha de São Salvador, nas Bahamas, embora pensasse estar na Ásia. Durante as semanas que se seguiram, explorou o litoral do que é hoje Cuba e teve contato com vários indígenas. Descobriu também outra ilha, que chamou de Espanhola (atual República Dominicana), onde fundou a vila de São Domingos.

O equívoco de Colombo só seria desfeito alguns anos depois. Alguns defendem a ideia de que foi Américo Vespúcio, em 1497, quem o identificou e, por isso, o nome do continente seria "América". Existe, porém, a versão de que foi o próprio Colombo, em sua terceira viagem ao Novo Mundo, realizada no ano de 1498, quem teria percebido se tratar de novas terras. De qualquer forma, mesmo reconhecendo a importância da chegada à América e da conquista de novas regiões, os Reis Católicos iniciariam a organização colonial na ilha Espanhola e em outras pequeninas ilhas do Caribe de modo bastante lento e gradual, pois, naquele momento específico, estavam mais envolvidos com problemas que se passavam na Europa.

O "DESTINO" DE CORTEZ

Na época em que Hernán Cortez era apenas um adolescente, a unificação religiosa, após a expulsão de mouros e judeus, já estava sacramentada na parte espanhola da península ibérica e os pequenos domínios espanhóis na América davam seus primeiros passos no sentido de desenvolver uma organização colonial. A Cristandade vivia um período de relativa paz, a Espanha prosperava em decorrência de seus sucessos militares e comerciais. A monarquia ganhara mais força e a Igreja Católica ampliara rebanho e poderio. Novas oportunidades então se abriam para milhares de jovens. Assim, já era possível sonhar com as muitas chances de enriquecimento e de melhora na qualidade de vida, tanto na península como no além-mar. Hernán Cortez cresceu, portanto, em uma época bastante favorável para quem pretendia vir a ter prestígio e poder.

Até completar 14 anos, Cortez viveu com seus pais de maneira simples, sem extravagâncias. Em 1499, foi enviado para Salamanca para estudar na famosa universidade, enquanto morava na casa de parentes. Aos olhos da família, os estudos seriam o grande diferencial do rapaz e a única forma de lhe garantir um futuro sem as privações que tanto preocupavam.

Cortez viveu em Salamanca por dois anos. No primeiro deles, em 1500, os portugueses anunciaram ao mundo a descoberta de terras imensas, férteis, repletas

Nascido e criado na pequena vila de Medelim, na Espanha, Cortez iniciou sua carreira de conquistador para ascender socialmente. Ilustração de Hernán Cortez jovem, antes mesmo de embarcar para a América. [*Hernán Cortés*, in *Historia de la conquista de México* (1684), Antonio de Solís.]

de águas límpidas e pássaros coloridos: a ilha de Vera Cruz (que depois se chamaria Terra de Santa Cruz e, mais tarde, Brasil). As aventuras marítimas avançavam. Os descobrimentos além-mar se multiplicavam, com Portugal e Espanha na liderança das grandes navegações. A América apresentava-se como a terra das oportunidades.

Sem gosto pelos estudos e por conta de alguma enfermidade ou de dificuldades econômicas, Cortez acabou retornando ao povoado de Medelim sem concluir o curso universitário. Entretanto, aprendera latim e alguma coisa de leis. Embora alguns cronistas tenham afirmado que ele se tornou bacharel em leis, a verdade é que até agora não foi encontrado nenhum registro oficial que sequer prove sua passagem pela Universidade de Salamanca.

A desistência desapontou os pais de Cortez, que queriam o filho formado, um homem respeitado, de futuro promissor. O jovem perdeu prestígio também entre os conterrâneos. Sem rumo e sem o que fazer, tratou de procurar uma ocupação que lhe conferisse um destino grandioso.

Embora tenha largado os estudos, Cortez era um leitor apaixonado. Apreciava, sobretudo, os contos e os romances de cavalaria. Essas narrativas remontam à Idade Média e, na época da juventude de Cortez, circulavam por toda a Europa, em pequenos livrinhos, fáceis de transportar, no formato de cordel. A própria rainha Isabel lia a *História de Lancelot*. O futuro rei Carlos v era um grande admirador de *Dom Beliane da Grécia* e o soldado Bernal Dias de Castilho citaria, em suas crônicas sobre a América espanhola, trechos de *O cavaleiro Cifar* e de *Amadis de Gaula*, como "Tudo o que vimos pareciam as coisas e os encantamentos que contam o livro de Amadis".

Nas cartas e documentos que o próprio Cortez redigiu ao longo de sua vida, é possível observar o estilo e até mesmo passagens que fazem referência direta a essas narrativas, além, é claro, das indefectíveis citações bíblicas. A coragem e as façanhas dos heróis das histórias cavaleirescas, com seu senso próprio de justiça, inspiravam muitas pessoas na época, e com Cortez não foi diferente. Seus valores e modelos de conduta eram famosos na Europa moderna. O público que as consumia encontrava naquelas histórias a realização de sonhos e a superação de pesadelos.

Eram muitas e diversificadas as mensagens transmitidas pelas aventuras de cavalaria. Na época de Cortez, a mais evidente era a de que o triunfo da Cristandade e seus senhores, reis e papas, seria garantido graças às virtudes cavaleirescas e à valentia guerreira postas a seu serviço. Aos cavaleiros caberiam fortuna e glória.

É verdade que, em suas origens, os romances de cavalaria tinham introduzido na cultura europeia uma moral laica, relacionada à cortesia – o cultivo das boas maneiras, a devoção a uma senhora idealizada e um tipo de amor que era obviamente adúltero e trazia consigo um desprezo pela instituição do casamento.

Nessa época, o herói apelava aos favores da dama casada, valorizava as riquezas materiais, o luxo, as roupas caras e coloridas, além da bravura guerreira, do porte imponente e da arrogância aristocrática. No entanto, aos poucos, ocorreu uma "cristianização" desses heróis que viram ser domada parte de seu antigo potencial rebelde. Surgiu então o "cavaleiro celestial", que participava das Cruzadas e era um cristão devoto. O protagonista dessas narrativas colocava sua espada a serviço dos governantes e da Cristandade ameaçada pelos infiéis. Porém, essas virtudes nunca deixaram de se misturar a outros aspectos, mais claramente profanos, como a busca exacerbada da façanha guerreira, a preocupação evidente com a glória, as honras e a valorização da própria linhagem.

Embalado pelas histórias que lia e ouvia e pelas possibilidades concretas de sua época, Cortez optou pela aventura das armas em detrimento do bacharelado.

Sabia-se, entretanto, que os cavaleiros não eram apenas grandes guerreiros, eram, sobretudo, uma elite. A cavalaria real, ou melhor, a elite dos exércitos, não dava as boas-vindas a qualquer aspirante. A origem nobre era um fator importante a ser considerado. Alguém que não fosse da nobreza só seria visto como merecedor do título e da posição de cavaleiro se provasse seu valor por meio de façanhas guerreiras e atos de heroísmo, além, é claro, da capacidade de liderança e das indispensáveis habilidades com armas e cavalos.

Para jovens como Cortez, de origem plebeia, um fidalgo pobre e sem os privilégios reservados aos nascidos em berço nobre, ser um guerreiro conquistador era uma boa chance de ascensão social e uma forma de chegar mais perto da vida reservada aos aristocratas numa sociedade de hierarquias estamentais rígidas como a Espanha da época. Além das promessas de fama e honras, a cavalaria era vista como uma oportunidade de obter riquezas materiais advindas das vitórias nas guerras e das recompensas reais.

Cortez acabou escolhendo o caminho apontado pelos relatos fantásticos e atraentes das conquistas e das possibilidades de obter poder e ouro nas terras americanas recentemente incorporadas ao domínio espanhol.

Não parece correto pensar que Cortez fosse um predestinado ou que sempre teve certeza do que queria ser na vida. Tudo indica que a opção pelas armas e por cruzar o oceano tenha sido fruto da necessidade e das circunstâncias favoráveis e que foi essa escolha que acabou desenvolvendo alguns talentos até então desconhecidos. As viagens e as situações inesperadas estimulariam ações e posturas que ninguém poderia ter previsto e que a formação do jovem tampouco condicionava. Ou seja, o Cortez-mito e o grande conquistador foram construídos aos poucos, em meio à trajetória real do personagem.

No entanto, muitos cronistas que narram a vida de Cortez fazem justamente o contrário. Eles partem de um Cortez já pronto e cheio de princípios e características presentes desde a mais tenra infância, que apenas aguardavam a oportunidade para se manifestar. Essas narrativas mostram um garoto predestinado. Por isso, nos textos a respeito dele, lemos que, desde cedo, ele já era bastante briguento, ativo, inquieto, amigo das armas, ambicioso, bravo, rápido para tomar decisões, inteligente e líder nato.

Francisco Lopes de Gómara, por exemplo, escreveu sobre Cortez:

> Tinha grande força, muito ânimo e destreza com as armas. Foi travesso quando jovem e viu na guerra um bom lugar. Foi muito dado às mulheres e aos jogos. [...] lhe disseram quando jovem que seria grande senhor e ganharia muitas terras. Era zeloso em sua casa, mas atrevido longe dela. Sabia muitas rezas, salmos e dava muitas esmolas, dizendo que com isso resgatava seus pecados.

Aliás, a descrição do jovem Hernán Cortez como mulherengo também ajudou a aproximar sua figura à do cavaleiro galanteador viril, despreocupado com o casamento e colecionador de aventuras amorosas.

Bernal Dias de Castilho, outro importante cronista, por sua vez, afirmou que, em tudo o que Cortez falava ou vestia, "dava sinais de que seria um grande senhor".

O fato é que o contexto oportuno permitiu que Cortez tentasse a sorte numa viagem à América. Quando Nicolas de Ovando, um de seus parentes, foi designado governador da ilha Espanhola no ano de 1501, Cortez decidiu encontrá-lo para ver se obtinha com isso alguma vantagem no Novo Mundo.

Entretanto, na noite de véspera do embarque, um episódio pitoresco prejudicou a realização de seus planos. Cortez encontrou-se com uma mulher. Na hora de ir embora, talvez fugindo do marido ciumento, caiu de cima do telhado da casa dela e acabou agredido na rua por um homem (não se sabe ao certo se era o tal marido ou outra pessoa qualquer). Cortez ficou de cama, muito ferido e não pôde, na ocasião, embarcar para a América.

Quando finalmente se recuperou, vagou uns tempos por Valência e, em seguida, tentou a sorte em outra cidade, Valhadolide, onde trabalhou como escrivão por cerca de um ano.

No ano de 1503, os Reis Católicos criaram a Casa de Contratação e o Conselho das Índias, cujo objetivo era controlar o tráfego de pessoas e mercadorias na Espanha e no Novo Mundo. A partir dessa data, as expedições e as conquistas foram mais do que nunca patrocinadas por investimentos particulares, embora fortemente reguladas pelo governo.

Em 1504, Hernán Cortez finalmente conseguiu embarcar para o Novo Mundo. Com a ajuda financeira de seus pais, fez parte de uma frota de mercadores, liderada por Alonso Quintero, com destino a São Domingos, na ilha Espanhola. Cortez contava, então, com 19 anos de idade.

A viagem não foi tranquila. A ganância de Quintero, por exemplo, causou alguns dos problemas. Para chegar antes que os outros navios mercantes, a fim de vender suas mercadorias por um preço mais alto, o mercador partiu sem alarde, secretamente, à noite. O tempo piorou, as chuvas e os ventos ficaram tão fortes que o mastro de um dos navios se rompeu e a embarcação se perdeu em alto-mar. À deriva, os tripulantes – Cortez entre eles – passaram fome e tiveram que tomar água de chuva para matar a sede. Ratos e baratas também foram incluídos na dieta dos homens do mar. A falta de vitamina C fez vários deles padecer do mal de luanda, o escorbuto, deixando-os com as gengivas escuras e apodrecidas. O mau cheiro tomou conta da embarcação. Marujos pediram clemência, invocaram a ajuda de Deus e confessaram desesperadamente seus pecados para, em caso de morte, salvarem suas almas. Outros simplesmente maldisseram o destino. Alguns morreram.

É difícil saber como Quintero conseguiu escapar dessa situação e fazer seu navio retomar o sentido correto. O fato é que Cortez chegou a salvo na América.

Diversos cronistas tomaram isso como prova – entre outras tantas – de que Deus estava ao lado dos espanhóis. Francisco Lopes de Gómara escreveu:

> Numa Sexta-feira Santa uma pomba branca, símbolo do Espírito Santo, pousou na gávea. Todos viram isso como bom sinal: uns diziam que ela vinha consolar, outros que a terra estava próxima e assim davam Graças a Deus. O capitão Quintero decidiu seguir a ave e navegar em sua direção. A pomba desapareceu. Todos ficaram tristes. Mas não perderam jamais a esperança de ver terra firme. E naqueles mesmos dias de Páscoa, avistaram a ilha Espanhola.[4]

NOTAS

[1] A Espanha conta hoje com cerca de 50 milhões de habitantes e Madri, a capital, aproximadamente 3 milhões.
[2] Fernando, Hernán ou Hernando correspondem ao mesmo nome.
[3] Daí o nome da região: do lado extremo do Douro, "extremo douro", ou seja, Extremadura.
[4] Francisco López de Gómara, *La Conquista de México*. Madrid: Dastin, 2000.p.43.

A FORMAÇÃO DO GUERREIRO

CORTEZ CHEGA À ILHA ESPANHOLA

Entre 1492 e 1507, durante os 15 primeiros anos de presença espanhola na América, a ilha Espanhola, também conhecida como ilha de São Domingos, foi o único lugar do Novo Mundo habitado por espanhóis. Ali, os colonos instituíram governo, conventos, escolas, sede episcopal e dali saíram expedições para explorar, conquistar, povoar e evangelizar outras regiões. Nesse mundo colonial nascente, Cortez passou seus primeiros anos na América.

Durante esse tempo, alguns de seus biógrafos afirmam que ele teve vários sonhos premonitórios em que se via como um grande senhor, rodeado de joias, ouro, tecidos caros e servido por muitas pessoas, alguém cheio de títulos e admirado por todos. Independentemente da veracidade dessa informação, o fato é que Cortez teve que esperar cerca de dez anos para ser considerado um grande capitão.

Quando Cortez chegou à Espanhola, o governador Nicolas de Ovando, seu parente, estava ausente. Em seu lugar foi enviado Medina, o secretário do governador, responsável pela hospedagem de Cortez e pelas informações iniciais dadas ao rapaz a respeito da situação da colônia. Seguindo as ordens recebidas, Medina entregou a Cortez alguns cavalos, além de terras que poderiam ser cultivadas.

Cortez fez pouco caso dos cavalos e das terras, pois estava mais interessado em conseguir ouro. Foi, entretanto, prontamente advertido das dificuldades dessa empreitada.

Alguns dias depois, o governador Nicolas de Ovando retornou. Cortez foi beijar-lhe as mãos e dar notícias da Extremadura e informações a respeito do que acontecia na Espanha. Por alguns meses, Cortez também o ajudou a pacificar os nativos em algumas regiões da ilha. Estes foram seus primeiros feitos militares, em que se destacou por sua disciplina e coragem. O governador, agradecido, deu-lhe alguns índios em *encomienda*[1] e Cortez pôde então se estabelecer como colono e escrivão na vila de Azua, localizada a cerca de 100 km da cidade de São Domingos.

Durante cinco anos, Cortez viveu como senhor de pequenas propriedades rurais, sobrevivendo graças às colheitas obtidas e à criação de alguns animais. Não era bem isso o que ele queria.

Em 1509, foi organizada uma expedição para conquistar e colonizar regiões da América continental, já que, até então, a presença espanhola havia sido apenas insular. Nessa expedição, comandada por Diego Nicuesa y Alonso, Francisco Pizarro (futuro conquistador da região inca, no Peru) participou como soldado. Cortez, animado com as perspectivas de ação, também faria parte do grupo, mas não pôde ir devido a tumores que apareceram em sua panturrilha direita, provavelmente sintomas de infecção causada por sífilis.

Outra oportunidade, entretanto, surgiria dois anos depois. O novo governador da ilha Espanhola, Diego Colombo, filho do descobridor Cristóvão Colombo, encarregou Diego Velásquez[2] de conquistar para os espanhóis a ilha de Cuba. Velásquez era guerreiro experiente, veterano e amigo de Cortez. Convidado a participar dessa expedição, Cortez novamente se destacou como combatente valente e eficaz. Vencida a resistência indígena, os conquistadores participaram da fundação da primeira capital na ilha, Santiago de Baracoa. Diego Velásquez tornou-se governador de Cuba.

Diego Velásquez, conquistador espanhol que se tornou governador de Cuba e, tempos depois, seria um grande rival de Cortez. [*Diego Velásquez*, in *Historia de la conquista de México* (1684), Antonio de Solís.]

Cortez decidiu instalar-se nessa cidade, onde foi nomeado *alcaide* (autoridade máxima de uma vila ou município). Dedicou-se também a criar vacas, ovelhas e cavalos e a organizar a extração de ouro, com o qual obteve certa fortuna. Nessa época, fez muitos negócios com Diego Velásquez. Juntos construíram algumas casas e até mesmo um pequeno hospital.

PRIMEIROS ATRITOS COM VELÁSQUEZ

Cerca de três anos depois, por volta de 1514, as relações entre Hernán Cortez e Diego Velásquez ficaram estremecidas. A confiança do governador de Cuba no amigo e antigo companheiro de batalhas foi abalada após ter sabido que um grupo de homens que se opunha ao seu governo visitava constantemente a casa de Cortez à noite. Os insatisfeitos queixavam-se da pequena quantidade de índios que Velásquez disponibilizava para o trabalho nas lavouras, comprometendo seus resultados. Pretendiam reclamar do governador diretamente com a Coroa espanhola e, para isso, pediam o apoio de Cortez.

Com os boatos de que Cortez tinha se aliado aos conspiradores e que Velásquez seria derrubado, destituído do cargo e enviado de volta à Espanha, Cortez passou a ser visto como traidor pelo governador. As desconfianças ganharam asas e a situação piorou muito quando Cortez se casou com Catalina Soares, uma jovem que interessara a Velásquez.

Diante disso tudo, o governador de Cuba mandou prender Cortez e ordenou que ele fosse imediatamente enviado de volta à Espanha. Cortez foi capturado e levado para um navio. Mas, antes que o navio partisse, conseguiu fugir por uma janela, após romper o trinco da corrente que o prendia e enfrentar os guardas com uma espada. Escondeu-se numa pequena igreja, onde ficou por alguns dias, isolado e faminto, aguardando que a situação se tranquilizasse.

Em outra versão da fuga, ainda mais prodigiosa, Cortez tentou muitas vezes tirar o pé da corrente até que, já sentindo muita dor, conseguiu livrar-se. Trocou de roupa com o jovem que o vigiava e escapou pela bomba de esgoto dos porões do navio, sem ser notado por mais ninguém. Andou pela lateral da embarcação, entrou no esquife e, com ele, aproximou-se da praia. Para não molhar importantes papéis que incriminavam Velásquez, tirou a camisa e fez com ela um turbante, ajeitando-o na cabeça, onde meteu os tais documentos. Nadou até a praia. De lá, correu até sua casa, vestiu-se e armou-se. Só então se escondeu na igreja. Realidade, fantasia ou ambas, o fato é que esse relato, de autoria de Francisco Lopes de Gómara, empolgaria muitos leitores e ajudaria a criar o herói.

Cortez foi descoberto e preso novamente. Porém, Diego Velásquez, talvez impressionado com a fuga e a determinação de Cortez ou por qualquer outro motivo desconhecido até hoje, resolveu esquecer o passado e retomar relações amistosas com Hernán. Contudo, a reconciliação não dissipou as desconfianças de lado a lado.

As desavenças que se seguiram entre ambos retomariam esse primeiro episódio. Para Velásquez, Cortez seria sempre um traidor em potencial, e para Cortez, Velásquez era um senhor autoritário capaz de fazer de tudo para exercer poder absoluto na região caso os ventos lhe fossem favoráveis. Apesar disso, antes da ruptura definitiva, eles ainda organizariam juntos uma nova expedição no continente americano.

CARLOS V E O IMPÉRIO CRISTÃO

Enquanto Cortez aventurava-se na América, algumas coisas mudavam na Espanha.

Juan, filho dos Reis Católicos e herdeiro favorito do trono espanhol, falecera em 1497. Por isso, sua irmã Joana foi quem herdou a Coroa. Ela era casada com o arquiduque Felipe, o Belo, da Borgonha. Felipe morreu, em 1506, e Joana ficou louca, não podendo exercer as funções de monarca. O sucessor legítimo, o filho do casal, chamado Carlos, tinha apenas seis anos de idade. Enquanto Carlos ainda era muito novo para governar, seu avô, o rei Fernando de Aragão, acumulou as funções de regente nos domínios da Borgonha.

Carlos passou sua infância na Borgonha e não aprendeu a falar a língua dos espanhóis. Foi considerado maior de idade, portanto apto a governar, aos 15 anos, em 1515. Um ano depois, seu avô materno, Fernando, morreu e, com isso, Carlos tornou-se o rei Carlos I da Espanha, além de monarca da Borgonha. Carlos também tomou posse dos reinos de Nápoles, da Sicília e ainda das enormes colônias espanholas na América. Como era também neto de Maximiliano I, da Germânia, quando este morreu, em 1516, Carlos passou a governar territórios dominados pelos Habsburgos: a Alta e a Baixa Áustria, alguns ducados no norte da Europa e a região da Alsácia.

Em junho de 1519, após muita disputa e discussão envolvendo a Igreja Católica e outros pretendentes, Carlos foi sagrado imperador do Sacro Império Romano Germânico, pelo papa Leão X, com o título de Carlos V. Por conta desses acontecimentos, os Países Baixos e Milão também acabaram ligados à Espanha sob os Habsburgos. Como Carlos se tornou poderosíssimo em tão pouco tempo, sua trajetória logo foi lida como obra de Deus.

Com o aumento das possessões, Carlos V foi obrigado a delegar funções, então instituiu conselhos e nomeou vice-reis. Criou conselhos internos – como o de Finanças, o de Guerra e o Conselho de Estado – e, em seguida, instituiu conselhos regionais – como o de Aragão, Castela, Índias, Itália, Portugal e Flandres. Todos eles eram auxiliados por um secretariado permanente de funcionários civis, num enorme corpo burocrático. Na América, foram criados os dois primeiros vice-reinados: Nova Espanha e Peru que estavam administrativamente vinculados à Castela.

Ao mesmo tempo, Carlos V enfrentou uma violenta sequência de guerras europeias em que perdeu a Itália, lutou várias vezes com a França e viu-se obrigado a dissuadir os turcos.

r conta da extensão de seus domínios territoriais, Carlos v foi
nsiderado por muitos a personificação da possibilidade da
nstrução de um Império Católico unificado no mundo. Retrato de
arlos v, rei da Espanha e do Sacro Império Romano Germânico.
nperador Carlos v com seu cachorro (1532), Jakob Seisenegger.]

Nos domínios de Carlos na Alemanha, as ideias de Lutero e seus seguidores ameaçavam a soberania do imperador, que era católico e tinha o aval do papa. Vários nobres alemães, inclusive, tornaram-se luteranos. Só após muitos atritos e negociações é que a unidade foi mantida sob os Habsburgos na região.

Mesmo com a situação, por hora, controlada na Alemanha, as tensões entre os Estados católicos e os luteranos aumentavam cada vez mais na Europa. Nesse contexto, a Espanha se colocava como a grande representante do catolicismo.

Por tudo o que foi visto, o reinado de Carlos v (Carlos I da Espanha) esteve repleto de diversas e custosas guerras bancadas por impostos, empréstimos junto a banqueiros e pelo ouro e prata retirados da América. No entanto, pelo fato de ser o senhor de tantos domínios, soberano de boa parte da Europa e de territórios na América, Carlos v foi visto por muitos como o rei que seria capaz de unir, sob a égide do catolicismo, regiões tão distantes como a América, a Espanha e os Países Baixos. Em torno de sua figura ganhou força a utopia de que seria possível construir um único Império Católico no mundo, governado pelo "imperador universal". Os espanhóis eram, obviamente, os mais interessados nesta interpretação dos desígnios divinos.

PRIMEIRAS EXPEDIÇÕES CONTINENTAIS

Com as novas disputas internacionais, a América passava a interessar cada vez mais aos europeus. Entre os anos de 1517 e 1518, partiram de Cuba duas expedições que confirmariam a existência de uma região extensa e rica a oeste da ilha.

A primeira delas foi comandada por Francisco Fernandes de Córdoba e resultou na descoberta da grande cidade maia Champotón (atualmente cidade de Campeche), na península de Iucatã[3] (no México). O contato com os povos de idioma maia surpreendeu os espanhóis, pois nunca tinham visto tamanho desenvolvimento entre os indígenas. De fato, tais povos haviam atingido um alto grau de organização social e política, mantinham elaboradas crenças religiosas e anotavam profecias num livro chamado *Chilam Balam*. Grandes construções, verdadeiras cidades, comércio intenso, pirâmides, "lagos sagrados" (os *cenotés*) e templos religiosos faziam parte dessa paisagem. Nos campos, eram cultivados entre outros, o milho, a batata e o tomate. O consumo de cacau também era popular.

Além disso, os maias detinham sofisticados conhecimentos matemáticos, tinham a noção do número zero e observavam os astros. Assim como outros povos da Mesoamérica, eram fascinados pelos mistérios do céu e sentiam-se poderosamente influenciados pelas estrelas. As estações do ano e sua interferência na agricultura, além da alternância entre o dia e a noite, a lua e o sol, também faziam com que muitos desses indígenas acreditassem que o tempo era cíclico. Achavam que os acontecimentos futuros podiam ser revelados de antemão e que o que ocorreu um dia iria se repetir no futuro. Com isso, mediram com enorme precisão os movimentos aparentes dos corpos celestes.

Apesar das diferenças marcantes quanto aos modos de expressão entre os habitantes das diversas partes da península e, às vezes, mesmo de uma cidade para outra, certa unidade cultural se fez sentir dentro da área central maia, onde monumentos datados – como as pirâmides – eram construídos periodicamente.

Em 1518, um ano depois da reveladora expedição de Córdoba, foi organizada outra armada para explorar melhor a região maia, comandada por Diego Velásquez, com cerca de duzentos espanhóis e quatro navios, sob a responsabilidade de seu sobrinho, Juan de Grijalva. Nessa expedição, que não contou com a presença de Cortez, embarcaram vários soldados, como Pedro de Alvarado e Bernal Dias de Castilho, que participariam, mais tarde, da conquista de Tenochtitlán.

A expedição de Velásquez estabeleceu contatos com os índios, efetuou trocas e adquiriu ouro, objetos de algodão e plumas coloridas. Além disso, descobriu a ilha de Cozumel.

Ao passar pelo rio Bandeiras, perto de São João de Ulúa, Grijalva recebeu os mensageiros de um grande senhor indígena, até então desconhecido dos espanhóis, chamado Montezuma, poderoso líder de uma grande cidade que se localizava ainda mais ao interior do continente.

O soldado Bernal Dias de Castilho relatou o episódio, afirmando que naquele dia os espanhóis estavam sentados debaixo de algumas árvores, descansando, quando se aproximaram cerca de trinta índios trazendo-lhes peixes assados, galinhas, frutas e pão de milho. Os mensageiros colocaram no chão uma esteira, estenderam sobre ela uma toalha e presentearam os europeus com joias de ouro e mantas, dando tudo de bom grado. Antes de partir, disseram que, em direção ao pôr do sol, ficava Tenochtitlán, um domínio bastante temido e poderoso.[4]

Juan de Grijalva foi um dos primeiros a explorar a região continental da América. Os resultados de sua aventura motivariam a organização de expedições em direção a Tenochtitlán. [*Juan de Grijalva*, in *Historia de la conquista de México* (1684), Antonio de Solís.]

    Tenochtitlán era, até então, algo totalmente desconhecido dos conquistadores. O fato de saberem que um grande senhor dominava uma vasta região indígena não dissuadiu os espanhóis. Pelo contrário, como viam o seu monarca e imperador Carlos v como o único senhor a ser temido, acreditavam que os indígenas, assim como vários povos da Europa, deveriam se tornar súditos do rei espanhol e ovelhas da Igreja Católica.

    O capitão Juan de Grijalva agradeceu a Deus pelo contato com os mensageiros de Montezuma, pois revelara a existência de um grande reino, rico em ouro, a ser conquistado.

    Para Montezuma, o "recado" enviado por ele deveria ter como consequência o fim do avanço espanhol. Para os europeus, entretanto, era apenas o começo.

A EXPEDIÇÃO AO MÉXICO

Juan de Grijalva decidiu continuar por mais alguns meses na região em que estava. No entanto, ordenou que Pedro de Alvarado voltasse para Cuba com os presentes recebidos de Montezuma e desse as boas-novas ao governador Velásquez.

A existência de Tenochtitlán e as provas de que havia muitas riquezas na região entusiasmaram Diego Velásquez, principalmente por se tratar de um lugar geograficamente próximo a Cuba. Antes mesmo do retorno de Grijalva, Velásquez iniciou preparativos para uma nova expedição com o intuito de realizar o reconhecimento da região, seus caminhos e seus habitantes.

Para começar qualquer empresa desse porte, os espanhóis residentes na América precisavam de uma autorização do monarca. Velásquez enviou Benito Martim à Espanha, com algumas peças de ouro, para obter o aval do rei Carlos e fazer chegar a ele as notícias a respeito das novas descobertas. Depois de contatar vários intermediários, burocratas da Coroa, Martim voltou a Cuba com a licença real para explorar tudo o que já fora descoberto e o que ainda seria encontrado.

Essa campanha militar despertou o interesse de vários homens, mas cabia a Velásquez escolher o capitão. Os pretendentes ao cargo lutavam pela chance de enriquecer, tornar-se um senhor poderoso e cair nas graças do rei e da Igreja. Depois de muitas disputas, promessas, favores, indicações de aliados e complôs, o escolhido foi Cortez. Com isso, Velásquez pretendia confirmar em público e perante os amigos do nomeado que não havia mais atrito entre eles. Os preteridos, obviamente, não gostaram da decisão e procuraram, com intrigas e fofocas, minar as boas relações entre Cortez e Velásquez.

Como capitão-geral, Cortez começou a comprar navios, apetrechos de guerra, contratar soldados e convidar aliados para viajar com ele, como homens de confiança. Há muita discussão e poucas informações a respeito do financiamento dessa expedição. O dinheiro era todo de Cortez ou, ao contrário, de Velásquez? Os dados são confusos a esse respeito, cada cronista apresenta uma versão diferente. Há quem diga que Cortez meteu-se em dívidas, pois o dinheiro e as joias que tinha disponíveis mostraram-se insuficientes diante dos gastos para armar e organizar a empreitada.

De qualquer modo, Cortez recebeu as instruções oficiais de Velásquez em outubro de 1518, no mesmo mês em que soldados de Juan de Grijalva retornaram de sua exploração da costa maia. Os homens de Grijalva estavam exaustos depois do longo percurso, bem maior que o previsto, o que causara um aumento considerável nos gastos. Uma das coisas que mais parecia interessar a Velásquez era que esta terceira expedição, diferentemente das outras, ocorresse sem surpresas desagradáveis e com o mínimo de perdas humanas e prejuízos.

As ordens de Velásquez para Cortez foram redigidas em trinta instruções, mas podem ser resumidas a: capturar homens perdidos nas outras expedições; tratar bem os índios, ou seja, não escravizá-los nem agredi-los; obter ouro com prudência e pouco risco; descobrir os segredos das terras de Montezuma e explorar a Costa do Golfo. Todas essas instruções referem-se claramente a uma viagem de exploração, não de conquista. Uma expedição de conquista, ao contrário daquela, nunca parte em paz, pois tem como principal objetivo dominar povos e territórios.

Velásquez também tomou o cuidado de dar à expedição liderada por Cortez uma conotação moral e religiosa:

> Primeiramente, o principal motivo que todos de vossa companhia haveis de levar é e há de ser para que nesta viagem seja Deus Nosso Senhor servido e nossa Santa Fé Católica ampliada e que nenhuma pessoa, de qualquer qualidade e condição que seja, diga mal de Deus e de Santa Maria [...]. Não consentirei nenhum pecado público, nem que nenhum cristão espanhol de vossa companhia tenha acessos e nem coito carnal com nenhuma mulher fora de nossa lei, porque é pecado a Deus.[5]

Velásquez ordenou ainda que os membros da expedição tivessem comportamento exemplar: "Em semelhantes expedições todo tipo de concórdia é útil e proveitosa e, ao contrário, as brigas e discórdias são danosas, de jogos de dados, de cartas podem resultar em muitos escândalos e blasfêmias a Deus e seus santos".

Ao longo de quase quatro meses na ilha de Cuba, Cortez comandou os preparativos para a viagem. Aos soldados e marujos experientes que contratou, acrescentou cerca de duzentos que haviam estado na expedição comandada por Grijalva. Havia ainda que reparar embarcações, buscar mais armas e munições, adquirir cavalos, estocar mantimentos para a empreitada e alimentar os homens durante os meses de espera.

Como não havia dinheiro para tanto, o capitão resolveu partir com a comida que tinha disponível: alguns porcos e carneiros suficientes apenas para alimentar os homens durante alguns dias. Levou também uma grande quantidade de quinquilharias, como espelhos, chocalhos, agulhas, vidro, alfinetes, bolsas, cintas, facas, martelos, camisas, turbantes, lenços, casacos, calças, para futuras necessidades ou para trocar por outros produtos com os indígenas.

O ROMPIMENTO DEFINITIVO ENTRE CORTEZ E VELÁSQUEZ

Em 18 de fevereiro de 1519, o capitão Cortez partiu do litoral cubano em direção a Cozumel. A bandeira que levou na jornada continha a imagem de fogos brancos e azuis circundando uma cruz e em volta dela uma inscrição em latim: "Sigamos a cruz, com este símbolo, venceremos", fazendo referência às palavras do antigo imperador romano Constantino quando este se converteu ao cristianismo no século IV.

Alguns cronistas afirmam que, antes de partir, Cortez orou junto com os seus comandados pronunciando as seguintes palavras:

> Pois bem, amigos e companheiros, que todo homem de bem e entusiasmado quer e procura se igualar pelas próprias obras com os excelentes varões de seu tempo e até aos do passado. Assim é que eu começo uma grande e maravilhosa façanha, que será, depois, muito famosa, pois o meu coração me diz que temos que ganhar grandes e ricas terras, muitas gentes nunca vistas e maiores reinos que os de nossos reis. Deus Todo-poderoso, em cujo nome e fé se faz, nos dará a vitória. Eu os farei, em breve espaço de tempo, os mais ricos homens dos que aqui já passaram. Somos poucos, eu vejo, mas com tal ânimo que nenhum esforço nem força de índios poderão nos ofender. Sempre Deus tem favorecido os espanhóis.[6]

É muito provável que essa fala de Cortez tenha sido elaborada pelo próprio cronista que relatou o episódio muito tempo depois de ele ter ocorrido. Como tantas outras coisas escritas a respeito de Cortez, esse parece ser mais um dos artifícios retóricos usados para mostrar que o destino já conspirava a favor do herói da causa espanhola.

Na despedida da armada, Cortez ainda teria abraçado Velásquez.

A falta de mantimentos logo forçou duas paradas, a primeira no porto de Trindade (atual Trinidad e Tobago) e a segunda em Havana, para comprar mais suprimentos.

No vilarejo de Trindade, Cortez contratou e recolheu mais tripulantes, homens que vinham de outras vilas, para se juntar a ele. Ainda lá, comprou mais cavalos, animais então escassos e muito caros.

A princípio tudo parecia calmo e tranquilo, pois Cortez viajava com a autorização de Velásquez, que, por sua vez, tinha a autorização do rei Carlos V. Entretanto, após a partida do capitão, alguns parentes de Velásquez que haviam sido preteridos ao cargo passaram a difamar Cortez diante do governador de

A FORMAÇÃO DO GUERREIRO   49

Cuba, dizendo que o capitão fizera acordos secretos e que pretendia enganá-lo. Somavam-se a isso as desconfianças do próprio Velásquez, de resto, sempre inseguro desde as primeiras desavenças com Cortez. Ele observava que o custo da armada ficava cada vez mais alto e tais gastos não se justificavam numa empreitada de resultados tão incertos. A seus olhos, o capitão gastava demais. Velásquez planejara uma expedição de exploração, mas Cortez agia como se aquela fosse uma expedição de conquista. O governador começou a suspeitar que Cortez fosse desrespeitar suas instruções e agir por conta própria.

Velásquez tentou impedi-lo, mas não era mais possível. De fato, Cortez estava decidido a conquistar novas terras em seu próprio nome, traindo Velásquez. O governador ainda enviou cartas para Diego de Ordas e Francisco Verdugo, que residiam em Trindade, para que prendessem Cortez e impedissem o avanço da armada. Sabendo disso, Cortez se aliou aos dois, prometendo recompensar-lhes na volta.

Ordas e Verdugo, então, mentiram para Velásquez. Em carta enviada, eles disseram não ter encontrado o capitão espanhol, mas afirmaram que estiveram pessoalmente com alguns soldados de Cortez e que esses homens eram fortes e destemidos e que tinham ameaçado botar fogo na cidade, saquear a vila e assaltar as casas. Cortez, por sua vez, também enviou uma carta para Velásquez, dizendo ser um fiel servidor da Igreja, do monarca e do governador de Cuba, como se não soubesse nada do que estava acontecendo.

De Trindade, Cortez e seus homens viajaram até o porto de Havana. O governador de Cuba chegou a escrever para o Conselho das Índias, reclamando da desobediência de Cortez. O secretário de Diego Velásquez, Benito Martim, também enviou uma carta ao rei: "Suplico a Vossa Católica Majestade que o remedeie e o castigue rapidamente, conforme a justiça".[7] Entretanto, a expedição prosseguia em direção a Cozumel para, de lá, alcançar finalmente o continente.

No total, estavam sob as ordens de Cortez cerca de 600 soldados, 11 navios, 100 marujos – uma reunião heterogênea de mercenários debaixo de um mesmo estandarte. Entre os homens de Cortez, havia aventureiros de Cuba e outras ilhas, fidalgos sem títulos, cavaleiros arruinados, vagabundos, foragidos da justiça e alguns veteranos. Tinham um ponto em comum: estavam atrás de ouro e glórias.

A expedição contava com 16 cavalos, alguns cachorros, 14 canhões, 13 escopetas e 32 bestas, além do apoio inicial de uns poucos indígenas e escravos africanos.

O capitão dividiu seus homens em dez companhias comandadas por Alonso de Ávila, Alonso Fernandes Portocarrero, Diego de Ordas, Francisco de Montejo,

Cortez representado como nobre, militar e fiel súdito. A armadura e a espada sinalizam força, as plumas ao fundo denotam nobreza e o símbolo da Coroa espanhola, no canto esquerdo superior, mostra que ele era leal ao projeto da monarquia. [*Hernán Cortés* (1917), Mateo Saldaña.]

Francisco de Morla, Francisco de Salceda, Juan de Escalante, Juan León, Cristóvão de Olid e Escobar. Nomeou também como piloto-mor Antão de Alaminos, que já havia viajado com Francisco Fernandes de Córdoba e Juan de Grijalva.

Mesmo contrariando Velásquez, o capitão levava consigo o documento com suas Instruções, pois, nele, Cortez aparecia como o futuro governador das ilhas e terras que fossem descobertas, com o aval do rei. Cortez soube identificar a importância da oportunidade que lhe fora dada. A autorização para viajar rumo a um reino indígena rico e poderoso era a sua chance de mudar de vida. Para acelerar o futuro que planejara para si, cobriu-se de vestes riquíssimas de veludo bordado em dourado e enfeitou-se com plumas, medalhas e correntes de ouro.

Aos 34 anos, Cortez estava bem distante do rapaz pobre e sem rumo de Medelim. Havia se transformado em capitão, líder de centenas de soldados, um cavaleiro destemido como os das narrativas que tanto apreciava. Agora, enfeitado e cheio de orgulho, Cortez havia definitivamente se reinventado.

NOTAS

[1] A *encomienda* era uma forma de trabalho compulsório indígena. Ao *encomendero*, o espanhol encarregado de cuidar dos indígenas, era entregue um grupo de nativos. Sua função era protegê-los e pagar impostos à Coroa, usando os indígenas como mão de obra em suas terras e lavouras.

[2] Diego Velásquez era cerca de vinte anos mais velho do que Cortez e havia chegado à região do Caribe em 1493, na segunda viagem de Cristóvão Colombo. Tinha larga experiência no mundo antilhano e, na ilha Espanhola, destacou-se como soldado e colono. Em 1511 foi o principal responsável pela conquista da ilha de Cuba, que inicialmente chamou-se Fernandina. Cuba foi conquistada em sua totalidade em 1514. Velásquez tornou-se governador da ilha Fernandina e foi responsável por expedições de exploração da Costa do Golfo.

[3] Existe a famosa anedota de que os espanhóis, ao perguntarem para os indígenas o nome daquele lugar, escutaram como resposta: "*Ma c'ubah than*" que significa "não compreendemos suas palavras". Os espanhóis erroneamente entenderam Iucatã e até hoje esse é o nome da península.

[4] Bernal Díaz del Castillo, *Historia verdadera de la conquista de la Nueva España*, México, Porrúa, 2007, p. 26.

[5] Idem.

[6] Francisco López de Gómara, *La Conquista de México*, Madrid, Dastin, 2000, pp. 57-8.

[7] "Carta de Benito Martín, capellán de Diego Velásquez, al Rey, acusando a Hernán Cortés de haberse alzado en las islas Ulúa y Fernandina contra su majestad", em *Documentos Cortesianos*, México, FCE, 1992, p. 95.

A MARCHA DE COZUMEL

COZUMEL

Na primeira noite de navegação em direção à ilha de Cozumel,[1] a expedição enfrentou fortes tempestades. A escuridão em alto-mar e a ventania assustaram os tripulantes. Grandes ondas balançaram os barcos e o comandante Francisco de Morla chegou a perder o timão de uma das embarcações. Felizmente, conseguiu recuperá-lo no dia seguinte quando se atirou ao mar, amarrado a uma corda, e o alcançou ainda boiando próximo ao seu barco.

A crônica da verdadeira aventura que foi essa viagem foi incrementada com diversos outros relatos pitorescos como o do enorme tubarão pescado na costa de Iucatã; dentro de sua barriga foram encontrados três sapatos velhos, um queijo e dez toucinhos inteiros, provavelmente roubados dos próprios espanhóis quando estavam pendurados para dessalgar do lado de fora de uma embarcação.

O navio São Sebastião, comandado pelo piloto Camacho, foi o primeiro a chegar a Cozumel, pois havia se adiantado na viagem, desligando-se dos outros barcos. Ao avistar terra firme, os soldados liderados por Pedro de Alvarado decidiram desembarcar. Caminharam pela praia, mas não viram índios. Impressionaram-se com a beleza natural da região, suas praias desertas, areias claras e águas limpas. Após uma légua de caminhada sob o sol, os espanhóis encontraram um pequeno povoado desabitado, como se os nativos o tivessem abandonado com medo dos europeus. Alguns artefatos ainda estavam espalhados pelo chão, dando a entender que a fuga fora apressada. Os soldados de Alvarado acabaram pegando para si cerca de quarenta animais, alguns ornamentos de um pequeno templo e mantas. Em seguida, capturaram dois homens e uma mulher que estavam escondidos.

Em 27 de fevereiro de 1519, dois dias depois, chegava a Cozumel o resto da esquadra de Cortez. O capitão, ao saber do ocorrido, mandou prender Camacho como punição por não o haver esperado no mar, como era regra no caso de navios de uma mesma expedição que se separavam. Alvarado foi também admoestado por ter roubado os indígenas e feito prisioneiros.

O capitão mandou que Alvarado retornasse ao povoado, devolvesse aos habitantes tudo o que tinha pegado, libertasse os três índios e pagasse pelos alimentos que seus homens haviam consumido. Com isso, Cortez obteve a confiança daqueles índios e, de quebra, reforçou sua autoridade perante seus próprios homens.

Os espanhóis acreditavam que naquelas terras poderia haver náufragos castelhanos de expedições anteriores. Cortez perguntou aos líderes indígenas se sabiam algo a respeito. Usou como intérprete um índio prisioneiro que levava com ele chamado Melchior, que falava muito bem o idioma maia e sabia um pouco de castelhano. Acabou descobrindo que havia, sim, náufragos espanhóis por lá, mas num outro povoado, a dois dias de caminhada.

Cortez escreveu uma carta para ser entregue aos náufragos em que dizia algo como: "Senhores e irmãos. Aqui em Cozumel soube que estão detidos sob o poder de um cacique. Eu peço, por favor, que logo venham para cá e, para isso, enviarei um navio com soldados se for preciso. De minha parte, serão bem-vistos e aproveitados [...]."[2] A correspondência foi levada por índios do local onde Cortez se instalara. Acreditando que os náufragos tivessem sido feito prisioneiros, o capitão deu um prazo de oito dias a seus captores para que os soltassem.

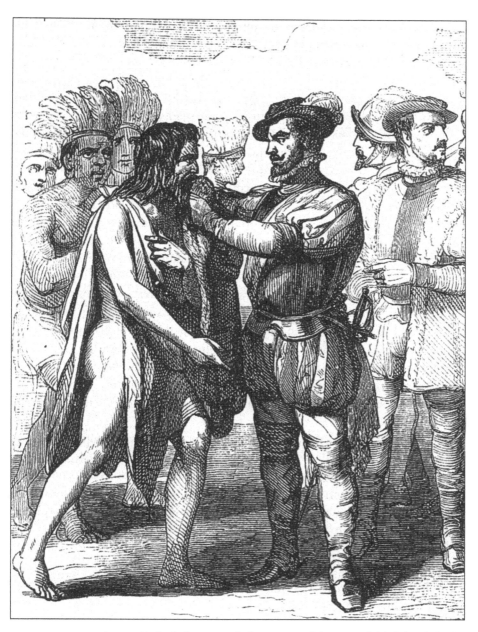

Imagem idealizada do encontro de Cortez com o náufrago espanhol Jerônimo de Aguilar, tido como um sinal da ação da providência divina em favor dos espanhóis. Aguilar seria um dos intérpretes de Cortez, pois falava maia e castelhano. [*Jerônimo de Aguilar, o náufrago espanhol*, in *Historia de la conquista de México* (1684), Antonio de Solís.]

Após vários dias um único espanhol, Jerônimo de Aguilar, que tinha naufragado perto da costa há oito anos e fora escravizado pelos nativos, foi solto e conduzido até o acampamento dos cristãos. Mas Cortez e seus homens estavam fora e o recém-liberto não encontrou nenhum conterrâneo. Decepcionado, retornou ao povoado indígena em que vivia. Passados alguns dias, ao saber que os espanhóis haviam voltado a Cozumel, Aguilar fez de tudo para encontrá-los, inclusive providenciou uma canoa e, com a ajuda de seis índios, remou com velocidade em direção ao acampamento espanhol. Contudo, ao se aproximar, não foi reconhecido como um europeu, pois, para os espanhóis, ele parecia ser um índio: moreno, com uma sandália velha nos pés, um remo nos ombros e coberto por uma manta surrada e colorida. Aguilar então lançou algumas palavras em castelhano. Reconhecendo um espanhol, Cortez o abraçou e ouviu com atenção toda sua história.

Aguilar era natural de Écija, um pequeno município próximo a Sevilha. Perdera-se na região do mar do Caribe juntamente com outros espanhóis, 15 homens e 2 mulheres. Foi capturado, agredido e escravizado pelos nativos. Os indígenas capturaram alguns de seus companheiros e simplesmente assassinaram os outros. As duas mulheres morreram esgotadas pelo trabalho nas plantações de milho. Aguilar só sobreviveu porque conseguiu fugir para outro povoado.

Entre os náufragos do navio em que Aguilar viajava estava Gonçalo Guerreiro que se casara com uma mulher maia e com ela tinha tido três filhos. Quando localizado, Guerreiro não se juntou aos homens de Cortez, decidiu continuar com os índios.

Nas conversas com Aguilar, Cortez aproveitava para saber tudo o que pudesse a respeito dos índios locais, da geografia da região, de suas riquezas e perigos. Jerônimo de Aguilar foi bem alimentado e ganhou roupas europeias. Como falava dois idiomas, o castelhano e o maia, tornou-se, por algum tempo, o intérprete preferido de Cortez, que certamente confiava mais nele do que em Melchior, o prisioneiro indígena.

O PRIMEIRO CONFLITO

As informações dadas por Aguilar foram muito úteis. A partir delas, os espanhóis puderam esquadrinhar a região e, em seguida, costear o litoral até chegarem ao rio Tabasco, que batizaram de rio Grijalva. Ali, só conseguiam navegar embarcações de pequeno porte e, por isso, os espanhóis optaram por utilizar batéis. Desceram, então, na ponta de Palmares, em direção a Potonchan, onde havia um povoado nativo.

Ao chegar, não foram bem recebidos. Encontraram muitos guerreiros nativos bem preparados para a guerra, armados de arcos e flechas. Ao som de tambores, avisaram que matariam os invasores. Cortez tentou negociar com eles, dizendo que vinha em paz, mas não teve sucesso. Os espanhóis foram cercados por canoas e se viram obrigados a se jogar nas águas do rio. Alguns tiveram que lutar com água pela cintura e o próprio Cortez perdeu um dos seus calçados na lama.

O contra-ataque espanhol ficaria conhecido como a Batalha de Centla. Em algumas das crônicas sobre essa batalha, Santiago Mata Mouros, vindo do céu, aparece lutando em favor dos cristãos contra os índios, assim como havia feito em Granada contra os muçulmanos. O fato é que, na luta contra os maias chontales, o emprego de cavalos e de armas de fogo foi fundamental para garantir a vitória espanhola.

A liderança de Cortez também foi importante. Entre outras coisas, ele soube tirar proveito do medo de seus homens de cair nas mãos de inimigos pagãos, que poderiam reservar uma morte horrível aos cristãos tementes a Deus. Mostrou aos soldados que, diante do perigo e da adversidade, era preferível lutar em grupo, cerrar fileiras com homens que, a despeito de todos os seus conflitos e queixas pessoais, tinham em comum o fato de serem cristãos e espanhóis. Manteve, assim, a coesão e o ânimo de seus liderados. "Santiago e Espanha" era o grito de guerra que podia transformar todas as diferenças em causa única – representava, ao mesmo tempo, desafio e triunfo e aumentava a confiança dos espanhóis, que baseavam sua fé na superioridade natural dos cristãos, por se tratar do povo abençoado pelo único e verdadeiro Deus.[3]

Feita finalmente a paz com os habitantes de Tabasco, os caciques locais trouxeram presentes para Cortez: joias, comida e cerca de vinte mulheres que mantinham como escravas. As índias recebidas foram batizadas e ganharam nomes cristãos. Cortez as repartiu entre seus homens. Com o fim dos conflitos, espanhóis e maias chontales estabeleceram alianças.

MALINCHE E OS MENSAGEIROS DE MONTEZUMA

Os espanhóis continuaram sua viagem. No dia 22 de abril de 1519, numa Sexta-feira Santa, Cortez chegou ao porto de São João de Ulúa, na ilha do

Sacrifício (batizada assim pelo fato de a expedição ter encontrado ali cinco índios sacrificados sem coração e presos em estacas).

Cortez e seus homens desembarcaram na praia de Chalchihuecan e, em pouco tempo, avistaram alguns nativos. Eles disseram ter sido enviados por Montezuma, o grande senhor das terras de Tenochtitlán, para falar diretamente com o líder dos europeus. Cortez identificou-se e os mensageiros mexicas lhe deram boas-vindas e perguntaram, em nome de seu senhor, de onde vinham e o que queriam por lá. Nesse primeiro contato amistoso, os nativos trocaram algum ouro por quinquilharias europeias.

Mais tarde, trouxeram canoas repletas de presentes: objetos, mantas de algodão, animais e alimentos, como pão de milho e ameixas, que fizeram a alegria dos soldados de Cortez, famintos na ocasião. Cortez, particularmente, foi presenteado com grandes mantas coloridas colocadas sobre seus ombros.

Outros presentes foram colocados sobre *petates* (esteiras). Um objeto redondo, representando o Sol, feito em ouro muito fino e decorado com vários tipos de pinturas, causou muita admiração entre os espanhóis. Outro objeto, maior, em prata, representava a Lua. Os indígenas trouxeram ainda um pote cheio de ouro em grãos e outras peças em ouro com formatos de tigre, leão,[4] macaco, além de dez colares e alguns pingentes delicados. Os europeus também ganharam 12 flechas e um arco com corda, tudo em ouro, além de lindas penas verdes, cerca de trinta peças de roupa de algodão e plumas de várias cores.

Entre os mexicas, havia um tal de Quintalbor, que os soldados espanhóis acharam muito parecido com Cortez e o apelidaram de "Cortez de lá".

Aos enviados de Montezuma, os europeus ofereceram uma sela de cavalo, um colar e um chapéu vermelho com uma medalha de São Jorge, além de uma taça de vidro de Florença e três camisas vindas da região flamenga.

A disparidade entre os presentes europeus e os indígenas era evidente. Cortez e seus homens, cansados, sujos e esfarrapados, não tinham muito a oferecer diante da riqueza material que aquele povo indígena revelava possuir.

Para demonstrar algum poder, Cortez contou aos homens de Montezuma sobre a Espanha e o rei Carlos v, "o maior senhor que há no mundo". Contou também que eram cristãos. Como isso tudo talvez não tivesse impressionado muito os índios, Cortez resolveu oferecer-lhes um espetáculo: amarrou os mensageiros pelos pés, pelo pescoço e disparou um tiro de canhão. O ruído e o cheiro da pólvora os fizeram tremer de medo. Em seguida, pediu para alguns de seus soldados cavalgarem com rapidez e fazerem manobras com os cavalos. As

Malinche ganharia cada vez mais importância como a nova intérprete de Cortez, traduzindo o idioma náuatle para o maia. Em pouco tempo ela falaria também o castelhano. [Detalhe do *Lienzo de Tlaxcala* (século XVI).]

mudanças bruscas também assustaram os indígenas que, por alguns momentos, ficaram na dúvida se cavaleiro e cavalo formavam um único ser, já que as armaduras de metal que cobriam os corpos do homem e do animal, vistas de longe, pareciam ser uma coisa só. O capitão ainda provocou os mensageiros com as seguintes palavras: "Ouçam, eu soube que os mexicas são muito fortes, que são muito guerreiros, que são muito respeitáveis. Pois agora meu coração quer ficar convencido disso: quero ver o quanto são fortes, o quanto são homens".[5]

Cortez, então, lhes deu vinho, para que se acalmassem, e somente depois os deixou ir. Eles viajaram muitos dias pelo interior do continente até chegar a Tenochtitlán e contar a Montezuma as coisas terríveis que tinham visto. A capital dos mexicas distava aproximadamente 400 km de São João de Ulúa, local onde se dera o encontro.

Nesse primeiro encontro com os mexicas, Jerônimo de Aguilar não pôde ser tão útil, pois os mensageiros não falavam o idioma maia, mas sim o náuatle. No

Jovem índia. Miniatura em barro que faz parte da maquete do mercado de Tlatelolco do Museu Nacional de Antropologia no México.

entanto, entre as indígenas prisioneiras que haviam sido entregues aos europeus na região de Tabasco, havia uma jovem chamada Malinali[6] ou Malintzin, conhecida entre os conquistadores como "La Malinche" (que era como eles entendiam a pronúncia do nome), que falava o náuatle e o maia. Como Aguilar falava o maia e o castelhano, Cortez pôde se comunicar com os mexicas por meio de uma tradução em cadeia. Cortez falava em castelhano para Aguilar, que falava em maia para Malinche, que falava em náuatle para os mensageiros. Ela ouvia em náuatle e falava em maia para Aguilar que finalmente traduzia em castelhano para Cortez.

Ao tornar-se escrava dos espanhóis, Malinche tinha 15 anos e foi entregue de presente pelo capitão Cortez ao soldado Francisco Portocarrero. Ao que tudo indica, a jovem era originária de alguma família indígena importante, pois a terminação "tzin" do nome Malintzin só era dada às pessoas de condição hierárquica superior.

Por conta dos conhecimentos linguísticos de Malinche, Cortez resolveu transformá-la em sua protegida e tomou-a de volta de Francisco Portocarrero, fazendo da moça sua ajudante pessoal. Com o tempo, ela aprenderia também o castelhano e tornar-se-ia a principal intérprete dos espanhóis. Em algumas crônicas, ela é chamada de dona Marina, o que talvez mostre que tenha ganhado algum respeito entre eles.

A intérprete era uma arma poderosa para Cortez. Malinche efetuava uma espécie de conversão cultural, interpretando para ele não somente as palavras, mas também os valores e os comportamentos dos indígenas. O poder de comunicar-se e, principalmente, de compreender os significados da cultura local deram a Cortez uma vantagem considerável sobre os mexicas, na medida em que seu conhecimento sobre eles podia ser usado para melhor dominá-los.

A jovem índia soube tirar alguma vantagem das circunstâncias, aproveitando a oportunidade para melhorar sua infeliz situação. Ela também seria amante do capitão durante a fase decisiva da conquista do México. Malinche daria à luz o primeiro filho de Cortez, chamado Martim, "O Bastardo" ou "O Mestiço", que, ainda muito jovem, foi separado da mãe e enviado para ser criado na ilha de Cuba por um primo do capitão.

Embora muito útil, o sistema de comunicação proporcionado por Aguilar e Malinche não era perfeito. Algumas falhas e mal-entendidos certamente aconteceram. Mesmo assim, depois do poder das armas e das alianças seletivas, as comunicações foram de grande valia para que Cortez pudesse medir o impacto de suas falas, promessas e ameaças, e planejar melhor suas ações de dissuasão e combate. Como os índios não tinham intérpretes, a tradução de palavras e significados culturais acabou se tornando uma ferramenta exclusiva dos conquistadores, o que se revelou uma vantagem para eles.

QUETZALCÓATL

Para os espanhóis, Montezuma era um senhor poderoso, mas cheio de medo, que esperava convencer os europeus a irem embora. A intenção dos índios, por ocasião da visita dos mensageiros, provavelmente, era dissuadir os espanhóis, fazendo uma demonstração do enorme poder de seu senhor. Entretanto, diante dos cavalos e armas de fogo, acabaram confirmando seus piores presságios: a chegada daqueles estrangeiros era uma enorme ameaça a seu povo.

É claro que, com a eficiente rede de comunicações estabelecida entre os indígenas, Montezuma já tinha informações sobre os espanhóis o suficiente para preocupar-se. Os presentes haviam saído de longe para chegar às mãos dos estrangeiros. Um relato das reações dos conquistadores e os desenhos de seus cavalos, soldados e navios espanhóis percorreram o mesmo trajeto de volta. Com toda a influência do líder mexica sobre os povoados sob seu domínio e a eficiente organização de seus informantes, Montezuma, certamente, já conhecia os métodos violentos de Cortez e seus homens.

Num primeiro momento, os indígenas podem ter associado o aparecimento dos espanhóis a uma antiga crença que previa o retorno de Quetzalcóatl, um antigo chefe, importante nos tempos da criação do mundo indígena, que havia sido obrigado a deixar seus domínios, mas prometera voltar para retomar o que era seu. Em outra versão, o temido Quetzalcóatl era uma poderosa divindade, a Serpente Emplumada. De um modo ou de outro, a antiga profecia do possível retorno de Quetzalcóatl parece ter sido reacesa com a chegada de um homem vindo do leste, forte e poderoso, ou seja, o próprio Cortez, que conquistava terras e submetia seus habitantes. Com isso, a perspectiva de receber os espanhóis em Tenochtitlán pareceu aos índios algo terrível.

A partir de informações dadas por Malinche, Cortez teve conhecimento dessa lenda e procurou usá-la a seu favor para criar desconforto entre os mexicas logo nos primeiros encontros. Para alguns estudiosos, Cortez foi o principal responsável pela identificação feita entre ele e Quetzalcóatl. Para alimentar essa associação, em diversos momentos, tentou mostrar-se como um ser com poderes sobrenaturais ou divinos diante dos índios. Por exemplo, subia centenas de degraus de escada e dizia não estar cansado. Afirmava que os cavalos eram imortais, enterrando os animais mortos de madrugada para que os índios não percebessem que haviam falecido.

É bem razoável pensar que os índios ficaram na dúvida sobre o que queria e quem era de fato Hernán Cortez: humano ou divino? Não sabiam ao certo quem eram aqueles visitantes e como deveriam ser recebidos. Se, por um lado, havia a tal lenda de Quetzalcóatl – o que explicaria, por exemplo, a quantidade de presentes com simbolismo religioso ofertados aos espanhóis –, por outro lado, os mexicas já tinham conhecimento do caráter da expedição de Juan de Grijalva, que alcançara Vera Cruz em 1518, e podiam esperar de Cortez e seus homens algo semelhante.

Os mensageiros de Montezuma chegaram a cobrir Cortez com quatro roupas distintas, uma de cada cor, que simbolizavam suas divindades (Tláloc,

Quetzalcóatl, Tezcatlipoca e Ehécatl) e também representavam os quatro pontos cardeais. É possível supor que queriam averiguar se Cortez reconheceria alguma das roupas e, se fosse mesmo uma das divindades, se identificasse prontamente como tal. De acordo com alguns relatos, Cortez foi imediatamente saudado como um deus, mas a veracidade dessa informação é questionada, pois pode apenas tratar-se de uma interpretação posterior aos fatos, quando os espanhóis já conheciam as crenças locais.

Não demorou, no entanto, para Montezuma ter certeza de que os recém-chegados eram humanos e que cobiçavam as riquezas mexicas. Na medida em que os europeus avançavam no território, invadindo povoados, saqueando bens e submetendo populações, deixavam claro quais eram seus verdadeiros interesses.

Os presentes não fizeram os conquistadores recuarem, pelo contrário, aumentaram seu ímpeto. A marcha pelo interior continuaria.

Depois que os mensageiros mexicas partiram, alguns índios totonacas da cidade de Cempoala apareceram no acampamento e convidaram os espanhóis para conhecer sua cidade.

CEMPOALA E O CACIQUE GORDO

O convite chegou num momento oportuno, pois os soldados começavam a se queixar da falta de água potável, dos insetos e do ambiente insalubre em que estavam. Cortez e seus homens então seguiram os totonacas por savanas e dunas até cruzar o rio Huitzilapa. Em 15 de maio de 1519, já estavam bem próximos a Cempoala.

A paisagem local provocou admiração. Os muitos rios que desembocavam no azul do Atlântico cortavam bosques de árvores gigantes, enfeitados com orquídeas presas ao tronco de plantas desconhecidas. Deslumbraram-se também com as plantações de cacau e de milho.

Sob o sol, os espanhóis foram recebidos por outros seis índios que os guiaram até aproximadamente à distância de quatro quilômetros da cidade, quando então mais uns vinte homens, ligados diretamente ao cacique, carregando rosas como sinal de boas-vindas, juntaram-se ao grupo e caminharam com ele até a cidade.

Os emissários do chefe totonaca eram fisicamente diferentes de todos os outros índios que os espanhóis já tinham visto. Eram mais altos e tinham grandes furos no nariz e no lábio; em suas orelhas penduravam pedras de ouro e turquesas. Disseram que o seu senhor, Quauhtlaebana, aguardava os visitantes em sua residência.

Cempoala era o primeiro assentamento indígena com características urbanas que os conquistadores viam no continente americano. Cortez e seus homens ficaram muito surpresos com seu tamanho, organização e beleza. Cempoala seria descrita mais tarde como sendo "toda de jardins e muito fresca e com boas hortas irrigadas".

Homens e mulheres surgiam e andavam por todos os lados, em ruas movimentadas, num falatório sem fim. Uma grande praça abrigava a morada de Quauhtlaebana, que seria apelidado de Cacique Gordo pelos europeus, por ser de fato muito gordo.

Cortez abraçou o Cacique Gordo e foi cumprimentado por ele. Os soldados espanhóis foram instalados em aposentos confortáveis, limpos e grandes o suficiente para acomodar a todos. Assim puderam descansar e ter acesso a comida e água potável oferecidas pelos anfitriões.

Em sua conversa com Cortez, por meio dos intérpretes, o Cacique Gordo queixou-se de Montezuma, contando como há pouco tempo os totonacas haviam sido subjugados pelos mexicas, que, inclusive, levaram todas as suas joias de ouro. Os totonacas eram forçados a pagar altos impostos a Montezuma com medo de represálias. Explicou também que Montezuma era muitíssimo poderoso e que era também senhor de vários outros territórios.

Essas informações foram muito valiosas para Cortez. O capitão rapidamente aferiu as vantagens de ter encontrado na América povos inimigos entre si: poderia usar as discórdias e os descontentamentos a favor dos conquistadores espanhóis. Assim, optou por aliar-se aos totonacas de Cempoala, prometendo livrá-los de seus inimigos, os dominadores mexicas.

Como símbolo dessa união, os espanhóis foram autorizados a erguer na cidade um pequeno altar em que colocaram uma cruz e uma imagem de Nossa Senhora. Como era costume entre o seu povo, o Cacique Gordo deu oito belas índias enfeitadas com joias de presente aos espanhóis. Para Cortez, em sinal de respeito e confiança, o chefe indígena entregou sua própria sobrinha.

Selado o acordo, Cortez se dirigiu para Quiauiztlan, um povoado próximo, que era dominado pelos totonacas e localizado entre penhascos e ladeiras.

No caminho, os espanhóis contataram 15 índios, que, do mesmo modo que os de Cempoala, começaram a se queixar de Montezuma. Disseram que, todo ano, os mexicas capturavam muitas de suas crianças para que servissem como escravas ou fossem sacrificadas em rituais religiosos. Em suas incursões por lá, os homens de Tenochtitlán também costumavam estuprar suas meninas e mulheres bonitas.

Muitos indígenas fariam parte das expedições de Cortez, contribuindo enormemente para seu sucesso como conquistador. [Detalhe do *Códice Durán* (c. 1581), Diego Durán.]

No meio dessa conversa, surgiram cinco arrecadadores de impostos enviados por Montezuma. Comunicaram aos habitantes de Quiauiztlan que eles estavam proibidos de receber os espanhóis, dar-lhes pouso ou presentes sem a autorização direta de Montezuma. Pelo desrespeito que haviam demonstrado, seriam obrigados a entregar aos mexicas 20 índios para que fossem sacrificados.

Rapidamente, Cortez mandou prender os mensageiros e anunciou aos índios de Quiauiztlan sua aliança com o Cacique Gordo.

À noite, em segredo, o capitão soltou dois dos prisioneiros e conversou com eles em termos amistosos, mentindo que nada tinha tido a ver com suas prisões. Forneceu-lhes água e comida e pediu que voltassem a Tenochtitlán para contar o que se passara a Montezuma. Prometeu que tentaria libertar os outros três prisioneiros.

Diante dos totonacas, fingiu ter ficado furioso com a "fuga" dos dois mensageiros e pediu para guardar os outros três, para negociá-los mais tarde com os astecas. Com essa estratégia, conseguiria, por um breve período, ser bem-visto pelos dois chefes índios, Montezuma e Cacique Gordo, ao mesmo tempo em que alimentava a rivalidade entre eles.

Após esse episódio, o Cacique Gordo pediu a ajuda militar de Cortez para lutar contra diversos grupos indígenas vizinhos, dentre eles os índios do povoado de Tizapacingo.

Cortez aproveitou a chance para mostrar que os europeus poderiam vencer os indígenas de qualquer maneira. Para causar maior efeito, enviou a Tizapacingo um soldado espanhol chamado Heredia, conhecido como "O Velho". Heredia tinha a cara coberta por cicatrizes, marcas de facadas espalhadas pelo corpo, um olho torto e mancava, mas era um excelente atirador. Com seu mosquete, Heredia deu vários tiros para o alto. A luz e o barulho da arma assustaram os indígenas, sobretudo por terem sido produzidos por alguém aparentemente fraco e inofensivo. A mensagem de Cortez ficou clara: era enorme o poder das armas espanholas; impossível resistir.

A astúcia era uma das marcas do capitão Cortez. As crônicas a seu respeito trataram de divulgar através dos tempos sua grande habilidade em manipular os índios e avaliar as situações no sentido de escolher a melhor hora para agir. Ao lado da força das armas e da destreza dos soldados, a inteligência e a capacidade de comando de Cortez explicam boa parte do sucesso de suas conquistas na América.

Pelo que viu e ouviu, é provável que o Cacique Gordo tenha se congratulado por sua aliança com Cortez. Além da esperança de livrar-se do jugo imposto pelos mexicas, vislumbrou a possibilidade de resultados positivos para suas tentativas de dominar seus vizinhos. Com a colaboração dos estrangeiros, pensava, Cempoala poderia dominar toda a região.

DISPUTAS COM VELÁSQUEZ

Depois de lutar por algum tempo ao lado dos totonacas, Cortez e seus homens decidiram voltar à região de Vera Cruz, com o intuito de se prepararem para viajar até Tenochtitlán, capital dos domínios de Montezuma. No entanto, para sua surpresa, eles estavam sendo esperados por um barco vindo de Cuba. Seu capitão, Francisco Saucedo, informou-lhes que Diego Velásquez, o governador cubano, recebera uma autorização da Coroa para conquistar e povoar precisamente as mesmas terras que Cortez e seus soldados ambicionavam. A partir desse momento, além de ser considerado rebelde, por ter prosseguido contra a vontade do governador, Cortez se converteria em usurpador de funções e direitos outorgados a outro súdito da Coroa espanhola.

Sua única saída agora, para poder voltar às expedições de conquista, era conseguir justificar suas ações e, com isso, cair nas graças do rei, obtendo uma autorização real para elas. Cortez, por oito dias, fez anotações e, com a ajuda de alguns de seus homens mais experientes, escreveu cartas. Em seguida, enviou como seus representantes Francisco de Montejo e Francisco Portocarrero à Europa. Eles deveriam entregar ao rei alguns presentes da expedição e as cartas escritas por Cortez com os relatos de seus sucessos e as justificativas jurídicas que encontrara para suas aventuras na América.

Cortez deu ordens a seus procuradores para não pararem em terras cubanas. Porém, Francisco de Montejo decidiu parar em Marién e comunicar por carta ao governador Diego Velásquez a respeito dos presentes que levava para o rei Carlos V em nome de Cortez. Fez isso, provavelmente, para evitar futuros problemas pessoais com Velásquez, caso Cortez fosse preso ou condenado.

Ao receber a carta de Montejo, Velásquez ordenou a prisão dos emissários de Cortez. Porém, Montejo e Portocarrero não foram localizados naquele momento e puderam chegar salvos a Sanlúcar de Barrameda, na Espanha, em outubro de 1519.

No entanto, em Sevilha, a nau que os transportava juntamente com os bens destinados ao rei foram confiscados, por ordem de Juan Francisco Fonseca, presidente do Conselho das Índias, e de Benito Martim, ambos partidários de Velásquez que já estavam cientes da rebeldia de Cortez.

Montejo e Portocarrero então apelaram para Martim Cortez, pai de Hernán Cortez, para que escrevesse para o rei e procurasse libertá-los. O pai do capitão enviou um memorial ao real Conselho das Índias, defendendo as atitudes de seu filho. No documento, Martim Cortez escreveu que, embora Hernán tivesse partido "somente com a intenção de resgatar homens, quis a vontade de Deus Nosso Senhor e Nossa Senhora orientar essa gente da armada para lutar contra os índios da dita terra e os venceram, para serviço de Deus e de Vossa Majestade".[7]

O rei Carlos V, que estava em viagem, ordenou que lhe chegassem às mãos os presentes e as cartas vindos da América. O rei fez uma parada em Tordesilhas em março de 1520 e pôde finalmente receber os emissários de Cortez juntamente com todos os presentes e as notícias que traziam. Montejo e Portocarrero, entretanto, mal puderam falar, pois foram despachados rapidamente, após deixarem as cartas e os agrados enviados pelo capitão. Entre os presentes havia quatro índios e duas índias, vários artefatos indígenas em ouro e prata, pedras preciosas, plumas raras, roupas de algodão e dois códices indígenas (documentos escritos em folhas feitas a partir de fibras de cactos, ilustrados e cheios de informações a respeito da cultura dos nativos). O monarca também recebeu o "grande presente": uma roda com uma figura desenhada, toda folheada a ouro.

Os objetos exóticos foram exibidos para toda a corte espanhola e geraram grande fascínio na nobreza castelhana. O tesouro também seria exibido mais tarde na Holanda e em Bruxelas, regiões de domínio espanhol na época.

Entretanto, depois de tanta exibição, os artefatos não foram preservados. As peças em ouro foram derretidas para cunhar moedas e pagar dívidas de nobres europeus. Algumas joias foram vendidas e os códices foram queimados.

Em sua correspondência, o principal argumento de Cortez a seu favor era que ele e seus leais soldados enviavam ao monarca espanhol todo o ouro e as demais riquezas encontradas até então, enquanto Velásquez não estava disposto a mandar para a Coroa nem mesmo um quinto do ouro extraído de Cuba. Naturalmente, tratava-se de um artifício, pois, na verdade, Cortez reservara parte do ouro encontrado na América para cobrir seus próprios gastos – pagou com ele, por exemplo, a viagem dos dois emissários, mandou uma parte a seu pai e também guardou algo para si e, provavelmente, para futuras expedições.

Cortez alegava ainda que o objetivo maior de Velásquez era satisfazer seus próprios interesses e que o governador só se importava com o ouro que pudesse obter, ao passo que ele, Cortez, procuraria fazer com que os índios conquistados se tornassem fiéis católicos e vassalos de Vossa Majestade. Segundo o capitão, Velásquez não respeitava as tradições jurídicas ao atacar indistintamente os nativos americanos; Cortez, ao contrário, fazia a leitura da *Requisição* antes de declarar guerra aos índios, caracterizando, assim, a chamada "guerra justa". A *Requisição* era um documento formal que, segundo prescrevia um édito de 1513, deveria ser lido pelos conquistadores para os índios, na presença de determinadas testemunhas e homens da lei. Nessa leitura – feita invariavelmente em espanhol –, os cristãos explicavam aos nativos, por três vezes, os motivos de sua vinda, ou seja, que "estavam ali em nome do único e verdadeiro Deus e a serviço do santo monarca espanhol", e que, portanto, vinham "em paz". Caso os nativos "discordassem" dos termos apresentados no documento ou mesmo não o compreendessem, os espanhóis tinham o direito de atacá-los, pois estariam, a seu ver, levando a cabo uma "guerra justa".

Com esses argumentos, Cortez mostrou não terem sido em vão os anos que passara em Salamanca, mesmo que nunca tenha frequentado de modo sistemático o curso de leis. Não sabemos, entretanto, se o rei ficou ou não convencido. As ações do capitão espanhol na América só seriam julgadas em um momento posterior.

Para tornar legal sua permanência em Vera Cruz e legitimar sua liderança frente aos soldados, Cortez lançou mão de um expediente que, mais uma vez, confirmaria sua famosa astúcia.

Num primeiro momento, segundo as orientações do próprio capitão, os nobres que acompanhavam Hernán Cortez na América declararam oficialmente que ele tinha, sim, desrespeitado Diego Velásquez e que, por isso, não teria mais como comandar seus homens e seguir com a exploração das terras americanas. Ou seja, confirmaram que Cortez não tinha mais poder. Em seguida, esses mesmos nobres fundaram de modo legal a Vila Rica de Vera Cruz colocando-se como os principais administradores e regedores dessa vila. Na nova condição de autoridades, declararam que alguém tinha que comandar as expedições de conquista que saíssem dessa vila e escolheram o próprio Cortez como capitão-geral, agora em nome da Vila Rica de Vera Cruz e em nome do rei espanhol. Além disso, nomearam Cortez também "governador e chefe de justiça da terra".

Desse modo, Cortez conseguiu desligar-se formalmente de Velásquez, pois, a partir desse momento, ele era capitão nomeado pelas autoridades de Vera Cruz e não mais pelo governador de Cuba. Seu novo posto de comando era, de agora em diante, dependente do e vinculado apenas ao monarca Carlos V. Martim, pai de Cortez, explicaria esse episódio em suas memórias:

> [...] os espanhóis povoaram ali uma vila e a chamaram de Vila Rica de Vera Cruz e, assim povoada, a dita gente elegeu e nomeou entre si alcaides e regedores e outros oficiais do Conselho e nomearam meu filho Hernán Cortez por governador e chefe de justiça da terra. E a dita eleição se fez por toda a gente, unânime e conforme o qual tudo se fez por servir a Deus Nosso Senhor e a Vossa Majestade.[8]

Nesse momento específico, o rei e o Conselho das Índias não se opuseram à manobra orquestrada por Cortez que lhes pareceu estar de acordo com a lei.

A disputa entre Cortez e Velásquez pelo controle das terras americanas com o aval do rei foi alimentada, além das questões pessoais mal resolvidas entre os dois homens, pela falta de limites nítidos entre o particular e o coletivo, coisa comum numa empresa de conquista. O conquistador, embora movido basicamente por interesses ligados ao enriquecimento pessoal, nunca estava só. O sucesso de uma conquista dependia, inevitavelmente, das qualidades do comandante e do tipo de apoio que era capaz de obter. Um capitão, portanto, tinha que atender às exigências dos seus financiadores e satisfazer as expectativas do grupo de homens que se haviam colocado sob seu comando.

Durante uma expedição de conquista, a tensão advinda das dúvidas quanto às recompensas que cada um receberia era uma constante. Em tais condições, a disciplina era fruto, de um lado, da capacidade do líder de se impor a seus homens e, de outro, do senso de que só o comprometimento de cada um com a empreitada coletiva poderia levar ao êxito. Os longos séculos de guerra de fronteira em Castela e as lutas para expulsar os islâmicos ajudaram a criar entre os espanhóis a mistura necessária de individualismo e senso de comunidade que impulsionava seus combates. Porém, o grande movimento expansionista que os conduziu através do Atlântico para dominar grande parte da América exigiu algo mais que um esforço de empresa privada, mesmo que assumisse temporariamente ares coletivos. Precisou do apoio dos dois outros participantes das aventuras espanholas da época: a Igreja e a Coroa.

A Igreja garantia a sanção moral que elevava uma expedição de pilhagem ao nível de cruzada, enquanto a aprovação do Estado era necessária para legitimar a condição de senhor de terras. A Igreja e o Estado propiciavam as justificativas coletivas e universais que unificavam as campanhas: todos os homens envolvidos diziam agir em nome do rei e da religião.

Quando Cortez viu-se, enfim, formalmente livre de Velásquez, achou que poderia partir com seu grupo sem esperar maiores incômodos por parte do governador de Cuba. Deixou Vera Cruz em agosto de 1519 em direção à capital mexica de Tenochtitlán e, em outubro de 1520, escreveu ao rei Carlos v:

> [...] tive notícia de um grande senhor que se chamava Montezuma, que os naturais dessa terra tinham me dito que nela havia. E eu confiando na grandeza de Deus e com o esforço do nome de Vossa Alteza Real irei encontrá-lo onde quer que esteja, além do que for por mim possível, porque certifico a Vossa Alteza que o farei preso ou morto ou súdito da Coroa real de Vossa Majestade.[9]

Mas Velásquez não o deixaria em paz. Quando Cortez partiu de Vera Cruz, ele e seus homens seguiram logo atrás.

NOTAS

[1] A palavra Cozumel tem origem maia e significa "Cuzam" (Golondrina) e "Lumil" (Terra de), ou seja, "Terra das Golondrinas" que era um pássaro local.
[2] Essa carta pode ser encontrada em: Bernal Díaz del Castillo, *Historia verdadera de la conquista de la Nueva España*, México, Porrúa, 2007, p. 43.
[3] Leslie Bethell, *História da América Latina – América Latina Colonial*, São Paulo, Edusp, 1998, p. 167.
[4] Não é possível saber com exatidão quais seriam os animais representados nas peças de ouro. As informações são oriundas de uma crônica escrita por um soldado europeu do século XVI. Aqui não se trata do real, cru e nu, mas do registro, da visão de um europeu sobre aqueles desenhos. Foi o soldado cronista Bernal Dias de Castilho quem "viu" e "descreveu" desse modo.
[5] Federico Navarrete Linares, *La Conquista de México*, México, Tercer Milenio, 2000, p. 17.
[6] O seu nome tem origem no calendário indígena. A base do sistema calendário era um conjunto de vinte signos, chamados *tonalli*, que se combinavam com treze números. Os signos do *tonalli* envolviam animais, plantas, artefatos humanos, fenômenos naturais e conceitos abstratos. O *tonalli* de número 12 se chamava *Malinalli* que significa "planta" ou "erva".
[7] "Memorial presentado al real consejo por Don Martín Cortés de Monroy, padre de Hernán Cortés em nombre de su hijo", em *Documentos Cortesianos*, México, FCE, 1992, p. 102.
[8] Idem.
[9] Hernán Cortés, *Cartas de Relación*, Madrid, Dastin, 2007, p. 87.

De Vera Cruz a Tenochtitlán

DE VERA CRUZ A CEMPOALA

Antes de marchar rumo a Tenochtitlán, Cortez deixou uma forte guarnição em Vera Cruz. Temendo traições, já que muitos de seus soldados eram antigos homens de Velásquez, ele decidiu inutilizar seus próprios navios para que os homens que ficavam não pudessem retornar a Cuba, caso decidissem trair Cortez. Em Vera Cruz, permaneceram 150 soldados e dois cavaleiros.

Em uma versão dos fatos, Cortez teria mandado furar os navios, por estarem velhos e desgastados. Em outra versão, mais dramática, Cortez teria ordenado

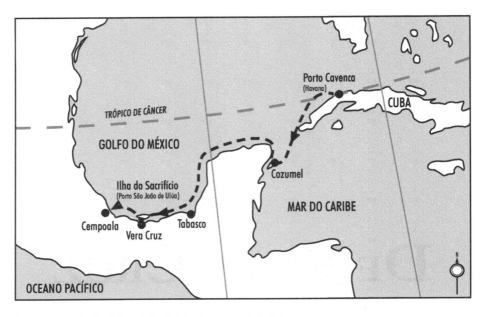

Caminho simplificado de Hernán Cortez, desde sua partida de Cuba até sua chegada à cidade de Cempoala, primeiro grande centro urbano indígena conhecido pelos europeus.

a queima dos navios. A imagem de embarcações caríssimas pegando fogo em pleno litoral de Vera Cruz é, sem dúvida, bem mais poderosa como demonstração de força do capitão capaz de tudo para garantir a vitória de sua campanha.

Na narrativa do soldado Bernal Dias de Castilho, ao partir de Vera Cruz, Cortez teria dito "a sorte está lançada", usando as mesmas palavras de Júlio César às margens do Rubicão. Verdade ou não, o fato é que associações como essa, entre o capitão e grandes nomes da História Militar da Antiguidade Clássica, fazem parte da construção do mito. Porém, ao mesmo tempo em que o passado era evocado para dar mais brilho ao presente, ele deveria ser superado em termos de feitos gloriosos por homens como Cortez. Isso também valia para o rei Carlos v, por exemplo, que trazia em seu escudo de armas o desenho das colunas de Hércules, símbolo dos limites do mundo até então conhecido pelos gregos. Abaixo do desenho vinha a inscrição "*Plus Ultra*" ("Mais adiante") inspirada no lema dos antigos conquistadores romanos "*Non Terrae Plus Ultra*" ("Não existem terras adiante"), deixando claro que as ambições imperiais da Espanha moderna iam muito além dos sonhos antigos.

Escudo de Carlos v: nas laterais, as colunas de Hércules e a expressão *"Plus Ultra"* apropriadas da Antiguidade clássica indicando a ambição do projeto marítimo espanhol de superar os feitos dos antigos romanos.

Com tanto em jogo, não é de surpreender que outros homens tivessem tentado, em várias ocasiões, desafiar Cortez e tomar seu lugar. Quando mal havia deixado Vera Cruz, o capitão tomou conhecimento (por carta do soldado Juan de Escalante) da presença de quatro navios no litoral. Essas embarcações pertenciam a Francisco de Garai, tenente-governador da Jamaica, homem rico que havia chegado às Índias com Cristóvão Colombo. Alguns homens desembarcaram – um escrivão, duas testemunhas e três soldados – e informaram a Juan de Escalante que aquelas terras que Cortez reivindicava haviam sido descobertas antes por homens fiéis a Garai. Com base nisso, Garai exigia, no mínimo, a repartição da posse atual e das conquistas futuras. Juan de Escalante lhes respondeu que falaria com seu capitão. Ao receber a notícia, Cortez nada respondeu, tentando ganhar tempo.

Seguiu rumo ao interior do continente em busca do fabuloso reino de Montezuma. Junto com ele seguiam aproximadamente 300 soldados e 15 cavaleiros. Passariam pelas terras totonacas de Cempoala, governada pelo Cacique Gordo, em busca de ajuda material e para decidir, juntamente com os guias indígenas, o itinerário mais conveniente a ser tomado dali em diante.

Os totonacas apontaram o caminho que passava pela província de Tlascala, depois de cruzar uma cadeia de montanhas rodeadas de abrigos existentes entre os dois grandes topos cobertos de névoas, como o mais seguro para os espanhóis, porque os tlascaltecas, assim como os totonacas, eram inimigos dos mexicas. Os totonacas também contribuíram para a expedição com quarenta guerreiros e duzentos outros homens para ajudar no carregamento das armas e das bagagens. Em 16 de agosto de 1519, os espanhóis deixaram Cempoala.

DE CEMPOALA A TLASCALA

Ao sair de Cempoala, os europeus passaram pelos pequenos povoados de Xalapa e Xicochimalco, lugares de paisagem belíssima, ricos em frutas. Foram muito bem recebidos pelos nativos aliados dos totonacas. Descansaram, tomaram água e foram alimentados com fartura. Para selar a aliança entre os locais e os estrangeiros, em cada um desses vilarejos foi erguida uma cruz católica.

Em Texutla, outra povoação mais adiante, as boas-vindas se repetiram.

Depois dessas paradas aprazíveis, o grupo continuou a marcha por um árduo trajeto de encostas e ladeiras. A subida foi difícil, o ar rarefeito causava tontura nos espanhóis, agora famintos e com frio. Eles nunca tinham estado em local tão alto e tão íngreme. Batizaram os topos das montanhas, próximas ao céu, de Nome de Deus. Na descida, as dificuldades continuaram. Transpostas as montanhas, as terras despovoadas eram castigadas pelo frio e pela chuva de granizo. Nessas terras frias não tinham como se alimentar adequadamente ou "com o que se abrigar senão com suas armas".[1] Alguns índios aliados chegaram a morrer, por não estarem vestidos de acordo com o clima.

A expedição prosseguiu e alcançou um vale chamado Caltanmi, próximo ao povoado de Xocotlan, também conhecido como Iztacamaxtitlan. O lugarejo foi apelidado pelos espanhóis de Castelo Branco por se parecer, de acordo com al-

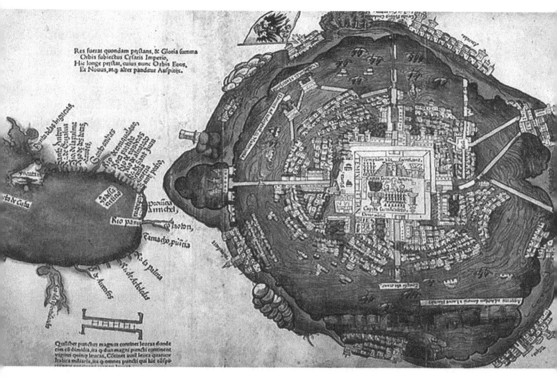

Mapa de Tenochtitlán, baseado em rascunho feito pelo próprio capitão Hernán Cortez. Nele é possível visualizar os canais e as calçadas que davam acesso à capital dos astecas. [*Mapa do Golfo do México e da Cidade do México* (1524), Hernán Cortés.]

guns soldados, com a cidade portuguesa de mesmo nome. O cacique local, chamado Olíntletl, homem gordo e aparentemente doente, recebeu os espanhóis com muita hospitalidade. Cortez perguntou-lhe se era vassalo de Montezuma, ao que o cacique teria respondido "quase admirado": "quem não é vassalo de Montezuma?", querendo dizer que, ali, Montezuma era o senhor absoluto.[2]

Olíntletl foi o primeiro a descrever com riqueza de detalhes a cidade de Tenochtitlán e os poderes dos mexicas (astecas), que conhecia bem já que os habitantes de Xocotlan eram tributários diretos de Montezuma. Olíntletl contou a Cortez, por meio dos intérpretes, sobre os grandes guerreiros mexicas, que se faziam presentes em todas as províncias dominadas, mesmo as mais distantes. Falou da grande fortaleza que era Tenochtitlán e como suas casas haviam sido construídas sobre a água, fazendo com que, de uma casa a outra, não se pudesse passar a não ser cruzando pontes ou usando canoas. Os espanhóis ficaram muito impressionados ao saber que os indígenas haviam construído calçadas sobre o lago que ligavam a terra firme à capital asteca. Mas o que mais atraiu sua atenção foram as descrições de Olíntletl sobre a quantidade de ouro, prata e pedras preciosas que tinha o reino de Montezuma.[3]

Como havia feito tantas vezes, em cada povoado nativo por que passava, Cortez aproveitou a ocasião para falar da grandeza do Império Espanhol e dos poderes de Carlos v, fez um longo discurso a respeito dos domínios e da grande força da Espanha, com o intuito de provocar medo e admiração dos indígenas. Como era esperado dele, falou também a respeito da necessidade de conversão dos indígenas ao cristianismo e insistiu que era importante que eles abandonassem suas práticas religiosas. Também, como em outros lugares, o capitão espanhol quis erguer uma cruz e um altar, em nome de Deus e da Virgem Maria.

O cacique Olíntletl ouviu atentamente Cortez, mas não permitiu que a cruz e o altar fossem erguidos e respondeu que seu povo jamais abandonaria suas crenças, pois eram muito bem protegidos, desde os tempos mais remotos, por aquelas divindades.

O padre Bartolomeu de Olmedo, que acompanhava Cortez, então foi bastante prudente e pediu que o capitão desistisse por ora dessa tentativa de conversão imediata dos indígenas. Tentando ser convincente, argumentou que ainda não era o momento de deixar a cruz em poder dos índios, porque eram vassalos de Montezuma e poderiam queimá-la ou fazer mal a ela. Era mais adequado esperar.[4]

Olíntletl tentou desviar a expedição espanhola, aconselhando-a a passar pelo povoado de Cholula, em vez de Tlascala. No entanto, os totonacas de Cempoala que acompanhavam os espanhóis alertaram Cortez sobre os perigos de Cholula, aliado de Tenochtitlán, que bem poderia estar abrigando soldados de Montezuma.

Ao saírem de Xocotlan, Cortez e seus homens que mantinham a rota, chegaram a outro pequeno povoado chamado Xalacingo, onde receberam colares de ouro, algumas mantas coloridas e dois índios para ajudar na viagem.

De Xalacingo, Cortez enviou dois mensageiros índios a Tlascala. Eles falavam a língua local e, em nome de Cortez, ofereceram a amizade dos espanhóis.

EM TERRAS TLASCALTECAS

Os mensageiros vindos de Xalacingo foram muito mal recebidos pelos tlascaltecas. Ao chegar ao povoado, acabaram presos sem ao menos ter a chance de propor qualquer tipo de aliança.

De Vera Cruz a Tenochtitlán   79

Cortez aguardou respostas em vão durante dois dias. Resolveu partir mesmo assim em direção a Tlascala. No meio do caminho, os europeus encontraram os dois mensageiros indígenas que haviam finalmente sido soltos e voltavam com muito medo ao acampamento espanhol. Contaram de sua prisão e de como foram ameaçados pelos senhores de Tlascala, que não acreditaram nas boas intenções espanholas, afirmando que os estrangeiros deveriam ser amigos de Montezuma e que estavam ali para saquear e destruir a cidade tal como os mexicas sempre faziam. Caso se aproximasse de Tlascala, a expedição seria recepcionada com violência; os sobreviventes, se houvesse, seriam sacrificados aos deuses e devorados em meio aos ritos religiosos.

Alguns cronistas narram que Cortez teria feito um discurso para motivar seus homens, dizendo que tivessem coragem e bravura nessa inevitável batalha que se anunciava contra os soldados de Tlascala. Ele teria terminado a fala com a frase: "Senhores, sigamos nossa bandeira, que é o símbolo da santa cruz e com ela venceremos", as mesmas palavras que o imperador romano Constantino teria usado no ano de 313 e.c. ao se converter ao cristianismo.

Os espanhóis marcharam em direção a Tlascala. Quando haviam caminhado aproximadamente 16 km, enfrentaram uma primeira batalha, contra quatro ou cinco mil índios. Diversos soldados ficaram feridos, dois cavalos morreram e outros ficaram machucados (os cavalos eram muito importantes para os espanhóis, sempre que possível eram contabilizados).

Pouco tempo depois, tiveram que enfrentar outro grande exército tlascalteca, liderado por um jovem guerreiro indígena chamado Xicotencátl, conhecido como "O Moço".

Os espanhóis naturalmente não lutavam sozinhos. Suas tropas haviam sido engrossadas, ao longo do percurso até Tlascala, por cerca de quatrocentos índios de Cempoala e trezentos de Xocotlan.

Nos primeiros dias de setembro de 1519, os tlascaltecas alternaram a violência com ofertas de paz e envio de alimentos e presentes. Os espanhóis ficaram confusos.

Quando um grupo de 50 tlascaltecas chegou ao acampamento espanhol, dizendo que vinha para trazer comida, Cortez resolveu responder com violência. A fim de enviar um recado ao líder tlascalteca, Xicotencátl, mandou cortar as mãos dos 50 indígenas e os libertou encarregando-os de dizer "a seu senhor que, de noite ou de dia, ou quando ele viesse, veria quem eram, de fato, os espanhóis". Cortez também mandou dizer que era homem, de carne e osso, assim como eles, e que ele e seu grupo vinham em paz.

Mesmo depois disso, Xicotencátl enviou mais comida e presentes aos espanhóis. Desorientados com essa atitude, os soldados passaram a temer os tlascaltecas. Alguns soldados começaram a questionar o propósito daquelas batalhas contra excelentes guerreiros índios. Pelo menos 55 espanhóis já tinham morrido na luta. A autoridade de Cortez também passou a ser questionada por rumores de que o capitão estava louco, era excessivamente violento e levava os soldados a lutarem sem motivo. Alguns homens propuseram a volta para Vera Cruz, onde poderiam solicitar auxílio ao governador Diego Velásquez para enfim retornarem às suas casas e plantações na ilha de Cuba.

O capitão espanhol os convenceu a ficar, segundo os relatos, usando apenas a persuasão das palavras. Lembrou os soldados que o acompanhavam das possíveis riquezas que estavam a sua espera entre os mexicas e, em seguida, apelou para a religião: "sofro os mesmos perigos que todos vocês, mas Deus nos protegeu e continuará protegendo". Em uma das cartas enviadas ao imperador Carlos v, Cortez detalhou como conseguiu animar seu homens:

> [...] dizendo que olhassem para o fato de serem vassalos de vossa majestade e que jamais faltaria algo para os espanhóis e que estávamos próximos de ganhar para vossa alteza os maiores reinos e senhorios que havia no mundo e que, além disso, fazer o que como cristãos éramos obrigados, combater os inimigos de nossa fé e que por isso ganharíamos glória no outro mundo e neste mundo conseguiríamos a honra que nenhum outro grupo de homens alcançou. E que olhassem, pois tínhamos a Deus do nosso lado e que para Ele nada era impossível [...].[5]

Até mesmo quando os próprios índios aliados aconselharam Cortez a abandonar seus propósitos, o capitão resolveu prosseguir. Para ele, perder homens e cavalos fazia parte de qualquer luta.

Ao final, depois de várias batalhas, os espanhóis e seus aliados venceram os temíveis tlascaltecas. Cortez afirmou, então, que Deus havia lutado pelos espanhóis, conduzindo-os à vitória em meio à gente tão cheia de animosidade, habilidosa na guerra e muito bem armada. Para ele, os europeus haviam saído livres e sem danos.[6]

ASTÚCIAS DOS TLASCALTECAS E ACORDOS DE PAZ

Os rumos e os resultados do encontro entre espanhóis e tlascaltecas ficam mais claros quando se leva em conta que Tlascala era, na verdade, uma região

Representação dos acordos de paz selados entre Cortez e os tlascaltecas, com a ajuda da índia intérprete Malinche, após o término das batalhas em Tlascala. [Detalhe do *Lienzo de Tlaxcala* (século XVI).]

que comportava quatro importantes cidades, cada qual com seu próprio governante. Esses governantes decidiam juntos, como em um conselho, os destinos da região tlascalteca como um todo. Quando souberam da chegada dos espanhóis, viram-se diante do dilema de combatê-los ou tentar propor algum tipo de aliança que lhes trouxesse vantagem. Daí se explica a dupla postura adotada pelos governantes. Ordenaram que guerreiros otomis, vassalos seus, combatessem os espanhóis com toda força sob a liderança de Xicotencátl e, ao mesmo tempo, enviaram embaixadores com presentes para os espanhóis. Se Xicotencátl vencesse, Tlascala teria glória e recuperaria o sossego. Se fosse derrotado, os líderes tlascaltecas colocariam a culpa pelos ataques no grupo dos otomis, dizendo terem sido desobedecidos por estes, abrindo assim a possibilidade de acordos de paz mais favoráveis com os espanhóis.

Os espanhóis, entretanto, não perceberam a diferença entre os otomis e os tlascaltecas e, com isso, tiveram grandes dificuldades em compreender as distintas posturas adotadas pelos indígenas.

Mesmo assim, do ponto de vista dos tlascaltecas, a manobra permitiu-lhes medir a força militar dos espanhóis sem cancelar a possibilidade de se aliar a eles no caso de derrota militar quando então a distinção entre as etnias finalmente foi esclarecida.

Os espanhóis comandados por Cortez obtiveram a vitória no momento em que resolveram atacar à noite, de surpresa. Em uma das cidades tlascaltecas, massacraram os habitantes sem fazer distinções de sexo e idade. Esse tipo de ataque à população não era costume na Mesoamérica e espalhou terror entre os habitantes da região. Com isso, os quatro governantes de Tlascala foram finalmente convencidos a mudar de tática e dialogar com Cortez.

Um grupo de tlascaltecas se dirigiu ao acampamento militar dos europeus. Chegaram andando lentamente mantendo as cabeças baixas a fim de demonstrar suas intenções pacíficas. Diante de Cortez, inclinaram-se, colocaram as mãos no solo, beijaram a terra e fizeram três reverências. Afirmaram sua distinção com relação aos otomis, segundo eles, os verdadeiros rebeldes que haviam atacado sem a ordem direta de Tlascala. Em seguida, pediram perdão pelos ataques. Porém, Cortez só ficou satisfeito quando os próprios líderes tlascaltecas, temendo um massacre geral, foram falar com ele e propuseram a paz.

Daí em diante, os tlascaltecas se tornariam o grupo indígena aliado mais importante dos espanhóis contra Tenochtitlán. Tlascaltecas e espanhóis chegaram a um acordo que, entre outras coisas, previa que os primeiros ficariam livres dos ataques dos mexicas, até então seus maiores inimigos, se apoiassem Cortez e seus homens.

Cortez estava convencido de que as rivalidades locais, quando bem aproveitadas, traziam vantagens para a conquista espanhola da América e, para justificar essa postura, citou o Evangelho de São Lucas: "Todo reino dividido contra si mesmo será devastado" (Lc 11, 17).

Ao se tornar líder de um grupo formado por conquistadores europeus e por índios descontentes com o domínio dos mexicas – como os totonacas de Cempoala e os tlascaltecas de Tlascala –, ele conseguiu concentrar poderes significativos e tornou-se uma ameaça muito maior à Tenochtitlán.

Sabendo da união entre os tlascaltecas e os invasores que se aproximavam, Montezuma despachou cinco homens à Tlascala com mensagens de paz para os

Imagem que retrata o suposto batismo dos senhores de Tlascala. O capitão espanhol Hernán Cortez aparece ao fundo segurando um crucifixo. [Detalhe do *Lienzo de Tlaxcala* (século XVI).]

europeus. Para estabelecer esse contato amistoso, enviou-lhes ouro e joias. Entretanto, quanto mais Montezuma tentava agradar os espanhóis, procurando evitar que sua cidade fosse invadida, mais motivados estes ficavam para conquistá-la.

Cortez recebeu os mensageiros de Montezuma e levou-os consigo para que vissem como os europeus seriam bem tratados em Tlascala.

De fato, entre os dias 18 e 23 de setembro de 1519, os espanhóis foram recebidos com festa nos povoados de Tlascala. Os caciques locais saudaram-nos e queimaram *copal* (espécie de resina natural usada como incenso) em sua homenagem. Ao selar a aliança recém-estabelecida, os tlascaltecas ofereceram aos espanhóis algumas de suas mulheres para que lhes dessem filhos que simbolizariam a união entre os dois povos. Os espanhóis só aceitaram a oferta depois que as índias foram batizadas e se tornaram cristãs. Elas foram então repartidas entre os soldados.

Há um documento de época chamado *Lienzo de Tlaxcala* ilustrado com uma imagem que retrata o batismo dos quatro grandes senhores de Tlascala naquela mesma ocasião. Nela, os caciques aparecem de joelhos, em gesto de total submissão, aceitando a religiosidade europeia. Ao fundo vê-se a imagem de Nossa Senhora trazida por Cortez, e o próprio conquistador sentado em uma cadeira espanhola, carregando um crucifixo. Atrás dele está Malinche, a índia intérprete, e um soldado europeu. No entanto, essa imagem não corresponde às crônicas que afirmam que os governantes de Tlascala não aceitaram largar sua religião e nem deixaram de adorar seus ídolos. Assim, é bem provável que o documento seja mais uma das idealizações espanholas, frutos do desejo de ver os índios submissos às leis de Deus, ou melhor, do deus europeu.

Cortez aproveitou para colher mais informações sobre os domínios de Montezuma entre os caciques tlascaltecas, tomando o cuidado de evitar que os mensageiros mexicas ouvissem o diálogo. O capitão foi então alertado: Montezuma tinha grande poder militar e contava com muitos guerreiros; quando queria assaltar ou tomar um povoado, conseguia dispor de até cento e cinquenta mil homens. Suas guarnições estavam presentes em todas as províncias sob seu domínio e garantiam a manutenção do fluxo dos impostos pagos a Tenochtitlán em ouro, prata, plumas, pedras preciosas, roupas, mantas e índios para morrer nos sacrifícios mexicas.

Os espanhóis ficaram 17 dias descansando em Tlascala até resolverem partir. Os embaixadores de Montezuma, que ainda estavam em sua companhia, disseram-lhes que o melhor caminho para se chegar a Tenochtitlán era o que atravessava o povoado de Cholula – o mesmo que já havia dito o cacique Olíntletl, de Xocotlan. Os tlascaltecas, por outro lado, insistiram para que os europeus seguissem por Guaxocingo, onde viviam parentes e amigos seus, e garantiram que o percurso proposto pelos mensageiros mexicas era, na verdade, uma emboscada.

Cortez e seus homens, agora mais autoconfiantes, preferiram partir em direção a Cholula, por ser mais perto. Além disso, souberam que o povoado de Cholula tinha muitos recursos e era próximo a outros com as mesmas características e concluíram que seria fácil conseguir mantimentos no local.

O capitão enviou Pedro de Alvarado e Bernardino de Tapia à Tenochtitlán com um presente para Montezuma, ordenando-lhes que observassem bem os caminhos e trouxessem informações sobre as dificuldades que a expedição poderia encontrar na cidade. Os enviados foram a pé para que não se desperdiçasse cavalos caso os dois homens fossem mortos pelo caminho.

Montezuma, ao perceber o estratagema, não os recebeu com a desculpa de que estava doente, mas deixou que os dois voltassem ao acampamento espanhol. Assim, a viagem de Alvarado e Tapia foi útil para informar diversos detalhes sobre o trajeto até a capital da Confederação Mexica.

CHOLULA

Na marcha pelo caminho de Cholula, a expedição espanhola era acompanhada por cerca de 100 mil índios aliados.

Na época, Cholula era um importante centro religioso para os povos do altiplano. O povoado que deu origem à cidade tinha sido fundado há aproximadamente mil anos e abrigava a pirâmide mais alta do México antigo, uma construção tão imponente que os indígenas a chamavam de *tlachihualtépetl* ("a montanha feita pelas mãos"). Cholula era também o santuário principal da divindade Quetzalcóatl e, como tal, recebia a cada ano a visita de milhares de peregrinos vindos de toda a Mesoamérica. Assim, era uma cidade próspera e densamente povoada, independente e governada por vários senhores aliados a Montezuma e inimigos ferozes de seus vizinhos tlascaltecas. Ainda que não fossem militarmente fortes, os cholultecas se sentiam protegidos por seu deus, Quetzalcóatl, capaz de afogar qualquer invasor que se atrevesse a ameaçar Cholula.

Próximo a Cholula, a expedição liderada por Cortez acampou às margens de um rio, onde foi contatada por mensageiros cholultecas e alguns caciques da cidade. Os cholultecas disseram que receberiam os espanhóis com boa vontade, mas pediram que os tlascaltecas que seguiam com eles não entrassem na cidade, pois não seriam bem-vindos.

Cortez desconfiou da proposta que poderia acabar em uma grande tocaia. Descobriu, rapidamente, que cerca de vinte mil índios de Montezuma os esperavam para atacá-los quando estivessem mais perto de Cholula. Soube também que vários soldados mexicas estavam escondidos em casas e abrigos na própria cidade. Não se sabe ao certo se isso tudo é verdade, pelo menos, é o que os espanhóis relataram em suas crônicas escritas posteriormente. Bernal Dias de Castilho e o próprio Hernán Cortez, por exemplo, escreveram mais tarde contando que os índios de Cholula debochavam dos espanhóis, com sorrisos desdenhosos. Afirmaram também que muitas armadilhas – como "buracos nas ruas, cobertos com madeira e terra, cheios de estacas afiadas para matar os cavalos"[7] – foram descobertas em Cholula pelos espiões cempoalas. Estes também relataram o sacrifício feito pelos cholultecas ao seu deus da guerra, matando sete homens e cinco crianças em troca de sucesso na guerra contra os estrangeiros.

Segundo os documentos espanhóis, as ruas de Cholula haviam sido bloqueadas e, nos terraços das casas, havia pedras acumuladas para serem lançadas contra eles. Mulheres e crianças tinham sido evacuadas do lugar. Um sacerdote local, preso e interrogado por Cortez, confirmou que existia mesmo um plano de atacar os espanhóis com o apoio de Montezuma. Tudo isso seria apresentado como justificativa para o ataque "preventivo" que Cortez decidiu fazer contra Cholula, caracterizando, assim, a chamada "guerra justa".

No dia 18 de outubro de 1519, Cortez mandou avisar os líderes de Cholula que iria embora assim que amanhecesse, mas que precisava de três mil guerreiros locais para lhe ajudar com o transporte da carga e de alguns guias para lhe indicar o melhor caminho a seguir. Ainda com o pretexto de se despedir, ele pediu que os senhores da cidade estivessem presentes no momento de sua partida. Apesar da iniciativa, naquela noite os espanhóis, com medo, não conseguiram dormir. Nas palavras de Bernal Dias: "estávamos muito atentos e armados, os cavalos encilhados e prontos. Os soldados faziam rondas noturnas, pois tínhamos certeza de que naquela noite os cholultecas dariam cabo de todos nós".[8]

Na manhã seguinte, os senhores de Cholula chegaram ao acampamento dos europeus com os soldados pedidos. Cortez então teria feito um enorme discurso para intimidar os cholultecas e avisar-lhes que já sabia da cilada. De acordo com Bernal Dias de Castilho, nesse momento, os caciques confessaram a culpa e Cortez, impiedoso, resolveu castigá-los. Os líderes cholultecas foram amarrados, torturados e finalmente mortos. Seus soldados, praticamente sem armas e com pouca roupa, foram massacrados sob os olhos dos espiões de Montezuma. Mais tarde, Cortez gabou-se em carta ao rei Carlos V: "depois de ter aqueles senhores, eu os amarrei e cavalguei e fiz soltar os tiros de escopetas e lhes fizemos muitos danos, que em poucas horas morreram mais de três mil homens".[9]

O episódio entraria para a História da América como o "Massacre de Cholula".

Naturalmente, a maior parte das versões a respeito do massacre foi escrita pelos espanhóis, mas também há versões baseadas em relatos indígenas. Estas procedem de testemunhas cujos depoimentos foram transcritos na segunda metade do século XVI por religiosos como Bernardino de Sahagún, Diego Durán e pelo cronista Ixtlilxóchitl (filho de índia com espanhol). Não há entre elas total coincidência, ainda que a maioria conte que os cholultecas foram atacados co-

Ilustração proveniente de códice indígena que representa a matança promovida pelos espanhóis, o "Massacre de Cholula", na cidade aliada dos mexicas. [Detalhe do *Lienzo de Tlaxcala* (século XVI).]

vardemente pelos homens de Cortez vindos de Tlascala já prontos para a guerra. Em algumas passagens, a rivalidade entre Tlascala e Cholula merece destaque e há quem diga que os tlascaltecas usaram os espanhóis para derrotar seu antigo inimigo. O episódio parece ter deixado claro para muitos indígenas que o deus dos espanhóis era mais forte que o próprio Quetzalcóatl, o protetor de Cholula. Também não restaram mais dúvidas a respeito de os invasores não serem divinos e de sua capacidade para cometer atrocidades, como matar milhares de indefesos e incendiar templos religiosos.

Independentemente de saber o real motivo do Massacre de Cholula, o fato é que a notícia do episódio se propagou aterrorizando a todos no México indígena, principalmente porque Cholula, por suas prerrogativas religiosas, era vista pelos índios como indestrutível. No entanto, até hoje, a grande pirâmide de Cholula ainda está de pé, mas praticamente coberta pela vegetação. Dela só é possível ver a base. Em seu topo existe uma pequena igreja.

grande pirâmide de Cholula, em cujo topo foi
guida uma igreja como sinal da superioridade
ɔ cristianismo em relação às crenças indígenas.
'oto do autor, 2007.]

EM DIREÇÃO A TENOCHTITLÁN

De nada adiantaram os magníficos presentes, os feitiços contra os invasores, as diversas emboscadas. Todas as tentativas de Montezuma para deter Cortez fracassaram. Montezuma fez ainda mais um gesto nesse sentido ao enviar seis mensageiros com mais presentes para os europeus nos 14 dias em que estes permaneceram em Cholula após massacrarem os cholultecas. Os enviados garantiram a Cortez que os mexicas não estavam envolvidos de modo algum na traição dos cholultecas e, como prova de amizade, traziam-lhes dez pratos de ouro, pães de milho e cacau líquido. Afirmaram ainda que os espanhóis seriam bem-vindos a Tenochtitlán.

Cortez mandou que três desses mensageiros ficassem entre eles para servirem de guias enquanto os outros três voltavam à capital mexica.

Em 1º de novembro de 1519, Cortez e seus soldados saíram de Cholula em direção a Tenochtitlán. Sua primeira parada foi Guaxocingo, povoado amigo e confederado dos tlascaltecas. A cada contato com índios que temiam os mexicas ou eram seus rivais, Cortez era alertado para tomar cuidado com possíveis armadilhas. Nem sempre dava ouvido às sugestões recebidas, preferindo pesar por si mesmo prós e contras de seguir este ou aquele caminho. Ao sair de Guaxocingo, o capitão optou pelo trajeto apontado pelos líderes locais – o que atravessava o vilarejo de Tamanalco – em detrimento da indicação dos guias mexicas – passar por Chalco. O próprio fato de o percurso por Chalco estar muito limpo e, aparentemente, livre de obstáculos fez com que Cortez suspeitasse de uma cilada, pois a limpeza da estrada poderia ter sido feita a mando do próprio Montezuma com o intuito de atrair os espanhóis para ela.

Em Tamanalco, os espanhóis souberam que os habitantes locais haviam recebido ordens de Montezuma para deixarem os espanhóis passar livremente, pois o líder mexica confiava nas previsões de que o deus do sol e da guerra,

Huitzilopochtli, o ajudaria a combater os estrangeiros se entrassem como inimigos na cidade de Tenochtitlán. Essa informação pode ter sido mais um dos estratagemas de Montezuma já que, no momento em que os espanhóis se preparavam para prosseguir viagem, mostrando seu destemor, mais quatro mensageiros vieram pedir a eles que não avançassem mais. Em nome de Montezuma, prometeram todo ouro e prata necessários para dissuadi-los de chegar à capital da Confederação Mexica. Prometeram também pagar impostos, desde que os europeus recuassem.

O capitão espanhol respondeu que ele e seus homens não voltariam mais, argumentando que tinham vindo de muito longe, enfrentado dificuldades, e superado obstáculos e adversidades "somente para ver o grande Montezuma" e que "não poderiam deixar de cumprir as ordens do monarca europeu, pois passariam por covardes". Deixou claro que, de um modo ou de outro, "os cristãos entrariam em Tenochtitlán" e que estava farto de receber mensageiros. E, logo que os mensageiros foram embora, retomou a marcha.

Quando se aproximou do seu destino, a expedição liderada por Cortez foi contatada por novos mensageiros que lhe davam as boas-vindas. Diferentemente dos anteriores, esse grupo de mensageiros de Montezuma era composto apenas por homens importantes na hierarquia local, acompanhados de alguns soldados e liderados pelo sobrinho de Montezuma, o cacique Cacamatzin, senhor das terras de Texcoco. Chegaram pela manhã bem cedo ao local em que a expedição estava acampada e surpreenderam os espanhóis, pois os europeus nunca tinham visto índios tão bem vestidos e enfeitados com tão ricas joias.

Depois dessas encenações diplomáticas, a expedição continuou sua marcha, agora passando por belas paisagens, correntes de água doce, jardins bem cuidados, árvores em flor. Também pelo caminho, avistaram torres e outras grandes construções. Observaram pátios importantes e casas construídas em terra firme ou sobre as águas. Bernal Dias de Castilho anotou: "Alguns de nossos soldados diziam que aquilo que viam era um verdadeiro sonho".[10]

Mesmo que seja comum às crônicas de viagem o registro das novidades, do curioso, do singular, do diferente, enfim, do que causa espanto e admiração sob o ponto de vista do cronista, os relatos sobre o que os europeus encontraram na terra dos mexicas são superlativos.

NOTAS

[1] Bernal Díaz del Castillo, *Historia verdadera de la conquista de la Nueva España*, México, Porrúa, 2007, p.103.
[2] Hernán Cortés, *Cartas de Relación*, Madrid, Dastin, 2007, p. 94.
[3] Bernal Díaz del Castillo, op. cit., p. 103.
[4] Idem, p. 104.
[5] Hernán Cortés, op. cit., p. 102.
[6] Idem, p. 98.
[7] Bernal Díaz del Castillo, op. cit., p. 113.
[8] Idem, p. 146.
[9] Hernán Cortés, op. cit., p. 110.
[10] Bernal Díaz del Castillo, op. cit., p.162.

OS ANTECEDENTES DA CONQUISTA

ENCONTRO COM MONTEZUMA

Ao atravessar as terras do povoado de Estapalapa, a expedição liderada por Cortez já seguia acompanhada por diversos índios locais e atraía a curiosidade de muitos outros, que paravam seus afazeres para observar os recém-chegados. Os indígenas da região jamais haviam visto homens como os espanhóis, barbudos, vestidos com armaduras e montados em grandes animais, os cavalos.

Os espanhóis seguiam, com um misto de medo e admiração, observando a enorme quantidade de pessoas que ocupavam as ruas ou navegavam em canoas

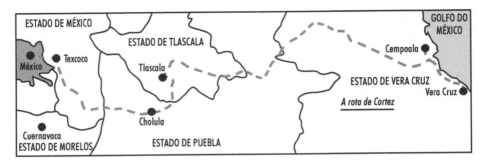

Rota simplificada de Hernán Cortez, partindo de Vera Cruz e chegando à cidade asteca de Tenochtitlán (México) aplicada em um mapa moderno.

sobre amplos lagos. Maravilhavam-se com as construções de porte, como torres e pirâmides, feitas pelo povo que pretendiam dominar.

No povoado de Coioacán, foram bem recebidos por membros da elite de Tenochtitlán, que, em sinal de paz, tocaram o solo com a mão, beijando-a em seguida. Os espanhóis seguiram então essa comitiva e, quando estavam bem próximos de finalmente entrar em Tenochtitlán, encontraram o próprio Montezuma.

O encontro entre Cortez e Montezuma é um dos mais importantes episódios históricos já registrados, pois se tornaria emblemático da virada nos destinos da Europa e da América a partir de então. Além disso, seria tomado por muitos como o símbolo do choque de culturas muito distintas em vários pontos, mas semelhantes em termos do valor que davam ao recurso à violência e da crença em uma religião considerada superior a todas as outras, em nome da qual qualquer ato se justificava.

Acompanhado de um séquito de cerca de duzentos índios, Montezuma impressionou os estrangeiros com a pompa criada em torno de si. Em suas vestes havia plumas verdes e vistosos trabalhos em ouro, com pérolas e pedras preciosas. As solas de seu calçado também eram de ouro.

Os espanhóis, por sua vez, também procuraram causar efeito, ao entrar na cidade asteca como se estivessem em um vistoso desfile militar. Na frente do grupo iam os cavaleiros e os cães de caça, animais que amedrontavam os índios. Atrás deles, seguiam os soldados a pé armados de espadas e, logo depois, os armados com bestas e arcabuzes, que disparavam de quando em quando apontando para o céu. No final, estava Cortez, acompanhado de Malinche e sua guarda pessoal, todos seguidos pelos aliados indígenas, os tlascaltecas e coligados.

Muitos veem o encontro de Cortez e Montezuma como um símbolo do choque cultural de europeus (representados pelo capitão espanhol) e indígenas (representados pelo líder asteca). [Detalhe do *Lienzo de Tlaxcala* (século XVI).]

Montezuma saiu da liteira em que era carregado e andou até o capitão espanhol, que desceu de seu cavalo para encontrá-lo. Alguns homens foram à sua frente varrendo o chão e, em seguida, estenderam um pano para que ele não pisasse diretamente na terra. Nenhum deles arriscava-se a encarar o líder.

Como era costume entre os espanhóis, Cortez quis abraçar o asteca, mas foi impedido de fazê-lo pelos homens próximos a Montezuma. Estendeu então a mão para cumprimentá-lo, mas seu gesto não foi compreendido. O capitão ofereceu a ele um colar de contas de vidro que trazia consigo e recebeu, em troca, outro colar enfeitado de caracóis e camarões feitos de ouro.

Em Tenochtitlán, nenhum estrangeiro ficou sem abrigo. Os espanhóis foram instalados em uma grande edificação situada na praça ao lado do Templo Maior, o maior centro de cerimônias religiosas dos astecas. Era o palácio do antigo *tlatoani* Axayácatl, com salas amplas e confortáveis. Receberam também roupas, mantimentos e outros presentes em grande quantidade.

Mais tarde Cortez relataria que Tenochtitlán era uma grande cidade com quatro entradas principais, fundada sobre uma lagoa salgada. Nela havia tanto "ruas" de água, pelas quais os índios andavam em canoas, quanto ruas de terra, sendo algumas decoradas com flores. Diversas pontes, espalhadas por toda parte, ligavam as calçadas. Tenochtitlán abrigava também muitas praças com mercados, em que, segundo o capitão, cerca de 60 mil pessoas comercializavam todos os gêneros de mercadorias cotidianamente de maneira organizada. O mais impressionante deles era o Tlatelolco. As casas, por sua vez, eram limpas e abrigavam amplos aposentos.

Ao descrever a cidade que talvez fosse a maior do mundo no século XVI, Cortez não poupou palavras para transmitir uma imagem fascinante do mundo novo que havia encontrado. A começar pelo cenário da região em que ela se localizava, mencionou o enorme vale, cercado por ásperas serras, os dois lagos, o menor de água doce e o maior de água salgada, que se comunicavam por um estreito e os vulcões próximos. Não se esqueceu de fazer referência aos templos e seus sacerdotes, às torres e às imensas pirâmides astecas. Mas também contou sobre o zoológico da cidade que tinha até tanques para peixes e jaulas enormes para aves, além de expor aos visitantes pessoas deformadas e albinas.

As coisas que não existiam na Europa causavam espanto e admiração entre os espanhóis. Chamaram atenção, por exemplo, os braseiros que eram colocados sob as refeições para que se mantivessem quentes e o hábito indígena de lavar as mãos antes e depois dos banquetes.

Os relatos de Hernán Cortez, e mesmo os de Bernal Dias de Castilho, sobre os astecas e sua maior cidade obviamente são marcados pela visão de mundo de seus autores. Eles descrevem o que mais atraiu sua atenção e selecionam as informações de acordo com objetivos bem específicos, como o de valorizar a conquista espanhola, por exemplo. Assim, mais do que uma descrição fiel da realidade, trata-se de uma imagem eurocêntrica do mundo asteca, em que se percebe claramente a valorização do movimento nas ruas, das grandes construções, da técnica desenvolvida, do controle sobre a natureza e do comércio, ou seja, destaques do que dialogava diretamente com o que de fato importava à Europa daquele período.

Após se instalarem com todo conforto no palácio, os espanhóis buscaram um lugar adequado para fazer um altar. Foi quando o carpinteiro Alonso Yanes viu uma parede com sinais de uma porta recém-escondida. Romperam, então, a parede e descobriram que, atrás dela, havia um tesouro escondido. Cortez disse aos homens para não tocarem em nada e repor a parede, até que chegasse o momento mais adequado para saquearem tudo. Embora haja registro desse episódio, nunca se soube ao certo o que foi feito depois com o ouro dessa sala secreta.

Nos primeiros seis dias, o contato entre europeus e astecas foi bastante tranquilo. Os espanhóis aproveitaram para descansar, cuidar das feridas e, acima de tudo, alimentar-se. Em todos esses dias, no fim da tarde, Cortez, acompanhado de um grupo de soldados e intérpretes, compareceu ao palácio de Montezuma para conversar amistosamente e saber mais sobre os habitantes e os recursos da região.

No entanto, depois de seis dias de repouso, os conquistadores entraram novamente em ação. Cortez mudou o tom e dirigiu-se a Montezuma cobrando explicações sobre um suposto ataque a seus homens em Vera Cruz que teria sido feito a mando do líder asteca. Mencionou também o episódio da "traição" em Cholula e os alertas recebidos sobre uma possível emboscada que aguardava os espanhóis em Tenochtitlán. O capitão pressionou Montezuma dizendo que, para evitar que o líder indígena ordenasse o massacre dos espanhóis, era melhor que o asteca ficasse com eles no palácio de Axayácatl, pois não queria ser obrigado a destruir a cidade com uma guerra preventiva. Era a velha estratégia de colocar-se na posição de vítima como forma de justificar a violência de um subsequente ataque como uma "reação".

Montezuma afirmou ser inocente das acusações e resistiu o quanto pôde, com diversos argumentos, ao que lhe pareceu ser uma tentativa de aprisioná-lo, mas acabou sucumbindo, pois os soldados de Cortez, impacientes com tanta conversa, começaram a ficar agressivos. Ao perceber a irritação dos soldados, Montezuma teria perguntado à Malinche o que estava ocorrendo, ao que ela teria respondido: "Senhor Montezuma, o que eu lhe aconselho é que vá logo com eles a seus aposentos sem fazer barulho algum, que eu sei que eles lhe farão muita honra, mas que de outro modo será assassinado".[1]

Antes de seguir com eles, Montezuma comunicou a seus guardas que ia de boa vontade e não como prisioneiro, pois não podia ser humilhado diante de seu povo. Refém dos conquistadores, o *tlatoani* tornou-se um fantoche e passou a fazer tudo o que Cortez lhe ordenava. Entregou aos espanhóis supostos culpados das mortes em Vera Cruz, que foram acorrentados e queimados vivos na grande praça do Templo Maior, numa acintosa demonstração de força dos cristãos sobre os astecas e suas crenças. Durante a execução, Montezuma permaneceu isolado no palácio e foi acorrentado para que não causasse confusão.

Depois de executar os indígenas, o próprio Cortez foi até Montezuma para livrá-lo das correntes e cooptá-lo com promessas de que, juntos, poderiam dominar um território ainda maior que o da Confederação Mexica. A mescla de terror e afabilidade surtiu efeito. Montezuma mandou chamar alguns senhores indígenas e lhes ordenou que se submetessem como vassalos ao capitão espanhol. Também determinou que suas joias e demais adornos pessoais fossem entregues aos espanhóis. As peças de ouro, como correntes, pulseiras e insígnias, foram destruídas e transformadas em barras que seriam enviadas à Espanha. Os mosaicos e os objetos feitos de pluma de quetzal, considerados inúteis pelos conquistadores, foram simplesmente queimados.

Quando Cortez perguntou a Montezuma sobre a localização das minas de ouro, este lhe ofereceu guias para levar os espanhóis até elas. Para que os conquistadores soubessem onde atracar seus navios, o *tlatoani* ordenou que fosse pintado em tecido um mapa com a localização dos rios e das cidades. E, ainda a mando do capitão, entregou-lhes plantações de milho, feijão e cacau.

Sem perda de tempo, Cortez enviou homens para reconhecerem as minas de ouro, as granjas e a Costa do Golfo, que foi considerado o lugar mais adequado para a entrada dos navios que viriam buscar o ouro e as demais mercadorias que os espanhóis pretendiam tomar dos astecas.

Nos primeiros dias de prisão de seu líder, os mexicas não sabiam o que estava de fato acontecendo. No entanto, em bem pouco tempo ficou claro que os espanhóis aumentavam o seu poder, com livre acesso ao ouro e às plantações, e que Montezuma era apenas um prisioneiro útil em mãos estrangeiras. Entre os astecas criou-se, então, um sentimento de revolta contra os espanhóis e mesmo contra seu próprio governante, visto agora como fraco e covarde.

Para legitimar-se como conquistador, Cortez precisava não somente submeter os índios à Coroa espanhola, mas também convertê-los ao catolicismo e impedir que praticassem seus antigos cultos. Assim, derrubou as imagens dos deuses indígenas do Templo Maior de Tenochtitlán e, em seu lugar, colocou uma cruz cristã e uma estátua de Nossa Senhora.

Diante do que consideraram a profanação de seu principal templo, os astecas protestaram com virulência. Tentando evitar uma possível guerra, Montezuma procurou convencer Cortez a desistir de impor sua religião a qualquer custo e o capitão, prudente, fez um recuo estratégico nesse sentido.

Mesmo assim, os sacerdotes indígenas, desprezando a postura passiva de Montezuma, começaram a insuflar a população contra os espanhóis. Alegavam que os deuses ofendidos, Huitzilopochtli e Tezcatlipoca, queriam que os estrangeiros fossem rechaçados o mais rápido possível sob pena de abandonarem seus protegidos à própria sorte.

O EPISÓDIO PANFILO NARVAES

Antes, entretanto, que qualquer reação coletiva dos indígenas fosse organizada, Cortez e seus homens puderam usufruir sete meses (de novembro de 1519 a maio de 1520) de ocupação relativamente pacífica nos domínios de Montezuma, mantendo-o como prisioneiro. Porém, quando lhes parecia que a conquista se consolidava sem a necessidade de maiores violências, um fato novo mudou sua avaliação.

Um volume significativo de riquezas de Tenochtitlán começava a ser enviado ao rei Carlos v. O governador de Cuba, Diego Velásquez, que não perdoara Cortez, e agora recebia as notícias de suas façanhas, decidiu organizar uma armada com o propósito de tirar o comando de Cortez e castigar-lhe severamente por tê-lo traído. Velásquez cuidou pessoalmente dos preparativos para enfrentar Cortez: "andava em Cuba de vila em vila, de povoado em povoado, projetando a armada e atraindo os vizinhos que tinham índios, parentes e amigos".[2] Entregou finalmente o comando da caríssima empreitada a Panfilo Narvaes que tinha então sob suas ordens 18 navios, 800 homens e 80 cavalos aproximadamente.

A expedição do capitão Panfilo Narvaes chegou a São João de Ulúa em maio de 1520. Alguns indígenas fizeram pinturas, informando o acontecido, que foram levadas por mensageiros para Tenochtitlán. Na capital asteca, uma carta em nome do Exército de Cortez foi escrita para ser entregue ao imperador Carlos v dando conta de que: "Panfilo Narvaes vinha para fazer guerra por Diego Velásquez contra nós, desonrando e difamando nossas pessoas, dizendo e publicando que éramos traidores".[3]

A partir daí, começou um intenso movimento de mensageiros que iam e vinham com informações e contrainformações além de divulgarem ameaças vindas de todos os lados. O episódio deixa nítidos os interesses conflitantes existentes na América de então ao condensar várias guerras em um único momento histórico: a dos índios de Tlascala contra os índios mexicas, a dos espanhóis contra os astecas e demais nativos rebeldes e a de Cortez contra Velásquez.

Hernán Cortez soube que o Cacique Gordo de Cempoala, seu antigo aliado, juntamente com outros senhores indígenas da região, havia se unido a Narvaes. Decidiu deixar Tenochtitlán temporariamente para combater a tropa de Panfilo Narvaes, onde esta ainda se encontrava. O explorador partiu em 10 de maio de 1520, deixando para trás, como garantia, uma fortaleza com cerca de quinhentos homens comandados por Pedro de Alvarado, muito bem abastecida de milho, água e armas.

Para enfrentar Narvaes, Cortez levava consigo mais ou menos setenta soldados espanhóis acompanhados por índios tlascaltecas. Embora a força militar de Cortez fosse nesse momento bem inferior à de Narvaes, ele conseguiu, com falsas promessas de pagamento em ouro e acordos secretos, subornar e cooptar muitos seguidores de Narvaes, evitando, assim, ser atacado com grande ímpeto.

Em 27 de maio, por conta de uma forte chuva de granizo, as tropas de Narvaes retiraram-se para suas instalações em Cempoala. Pouco depois da meia-noite, Cortez e seus homens atacaram de surpresa. Narvaes foi preso e, ao reagir, foi ferido e ficou cego de um olho. Em poucas horas, os soldados fizeram diversos prisioneiros e se apossaram das armas, dos navios e dos cavalos da expedição enviada por Velásquez. Narvaes foi levado a Vera Cruz. O Cacique Gordo, que também estava ferido, foi poupado para que voltasse a ser um aliado. Com tudo isso, Cortez acabou aumentando seus recursos e reforçando consideravelmente o exército sob sua liderança. Aos novos soldados que a ele se uniram, acenou com riquezas e bons cargos num futuro próximo.

O capitão ainda comemorava mais essa vitória quando recebeu a notícia de que uma rebelião indígena estourara em Tenochtitlán. Os astecas atacavam a fortaleza onde se encontravam os espanhóis comandados por Alvarado e já haviam queimado quatro bergantins (veleiros com dois mastros e velas triangulares) que os europeus tinham construído para navegar nos lagos de Tenochtitlán. Cortez partiu apressadamente para tentar salvar o que restava de sua mais importante conquista.

A MATANÇA DO TEMPLO MAIOR

Cortez chegou a Tenochtitlán em 24 de junho de 1520 e soube então que o estopim para a sublevação dos astecas fora um ataque precipitado por parte dos soldados espanhóis.

Enquanto Cortez estava fora, os astecas obtiveram de Pedro de Alvarado uma autorização para celebrar a festa de Tóxcotl, em honra ao deus Tezcatlipoca. Para participar, cerca de seiscentos índios guerreiros reuniram-se na praça do Templo Maior e foram impiedosamente atacados pelos espanhóis. Como em Cholula, os europeus justificaram a violência do massacre pelo temor de serem vítimas de tantos índios, recorrendo novamente à noção de "guerra justa" para legitimar suas ações. No entanto, o próprio Alvarado, ao autorizar a realização da festa, tinha dito aos astecas que os jovens guerreiros, os caciques locais e todos

Matança do Templo Maior. Do mesmo modo que em Cholula, os homens de Cortez empreenderam um massacre na cidade asteca. [Detalhe do *Códice Durán* (c. 1581), Diego Durán.]

os homens de valor, inclusive Montezuma, deveriam vir ao centro cerimonial, porque queria "ver e admirar a grandeza e a nobreza de Tenochtitlán". Os astecas foram, na verdade, enganados pelos espanhóis.

Anos mais tarde, Pedro de Alvarado, respondendo a uma investigação sobre o episódio, afirmou que, no momento da festa, os índios quiseram substituir a imagem de Nossa Senhora que havia sido colocada no topo do templo por outra de um de seus ídolos. Ao tentar impedir a troca, ele teria sido ferido pelos índios, o que fez dar a ordem de combate.

Em outra versão a respeito da origem e das circunstâncias da chamada "Matança do Templo Maior", a do cronista Diego Durán, Cortez já se encontrava na cidade na ocasião e foi ele próprio quem autorizou Alvarado a liderar o massacre.

O fato é que, após a matança, quando viram os cadáveres de seus guerreiros, os mexicas quiseram vingar seus mortos. O medo que sentiam diante do poder dos recém-chegados foi superado pelo ódio e, na mesma noite do massacre na praça, os guerreiros sobreviventes contra-atacaram e forçaram os soldados de Alvarado a se refugiar no palácio-fortaleza de Axayácatl.

Eles ficaram abrigados dentro do palácio. Depois de alguns dias, Cortez finalmente regressou. Os mexicas o deixaram entrar pacificamente na cidade e também no palácio, para talvez matá-lo mais tarde juntamente com os outros espanhóis em um ataque final. A maior parte dos índios aliados que acompanhavam o capitão não recebeu permissão para entrar em Tenochtitlán e ficou do lado de fora dos limites da cidade esperando o desfecho dessa difícil situação.

Apesar dos problemas, Cortez quis que os espanhóis reagissem e, nas incursões feitas então sob seu comando, seus soldados mataram mais alguns indígenas, incendiaram parte do Templo Maior, mas não obtiveram a vitória contra os que os ameaçavam, um grande número de guerreiros mexicas. Ficou claro que, em Tenochtitlán, os espanhóis encontravam-se verdadeiramente sitiados no palácio, com dificuldades para obter água e comida.

A MORTE DE MONTEZUMA E A NOVA POSTURA ASTECA

Cortez ainda teria tentado controlar a situação ordenando que Montezuma saísse de seus aposentos e pedisse aos indígenas o fim da rebelião contra os europeus. Quando o *tlatoani* saiu na sacada do palácio para falar com a população, foi atingido por pedradas que o levaram à morte em 28 de junho de 1520.

Em uma das versões do ocorrido, Cuautemoc, o sobrinho de Montezuma, de 18 anos de idade, foi quem insuflou a manifestação contra o tio, por considerá-lo fraco e obediente aos espanhóis. A seu comando, pedras e também flechas foram jogadas no líder desacreditado.

Outra versão conta que os indígenas acharam o corpo de Montezuma, morto a punhaladas pelos espanhóis, ao lado dos cadáveres de outros senhores indígenas. Há ainda o relato de que Montezuma morreu enforcado pelos espanhóis com uma corda presa ao topo do terraço de um templo asteca.

Para um dos cronistas que endossam a morte por apedrejamento perpetrado pelos próprios astecas, Montezuma teria sido resgatado e tratado pelos espanhóis, mas não sobreviveu aos ferimentos, vindo a falecer alguns dias depois. Seu corpo foi então arremessado na rua pelos europeus e os mexicas se negaram a lhe render honras, pois para eles, Montezuma havia sido um traidor covarde.

Independente do modo como Montezuma foi assassinado, sua morte marcou a ruptura da política de apaziguamento que ele tinha tentado estabelecer com os invasores. Quando ele saiu de cena, a nova elite dirigente decidiu finalmente lutar e expulsar os estrangeiros. Os astecas foram liderados primeiramente pelo senhor de Iztapalapa, chamado Cuitlahuac, que se tornou o novo *tlatoani*. A ideia era lutar sem trégua até que os invasores fossem vencidos. Milhares de índios estavam envolvidos na luta para acabar com os conquistadores.

Os astecas pretendiam manter os espanhóis acuados dentro do palácio-fortaleza em que se concentravam, enfraquecidos, famintos e sedentos. O plano, porém, não funcionou a contento, porque algumas pessoas da cidade foram cooptadas e levavam secretamente água e alimentos para os estrangeiros. Os que colaboraram foram, mais tarde, descobertos e assassinados. Os novos senhores redobraram os cuidados para que traições como essas não se repetissem; a vigilância sobre os próprios índios aumentou.

Cuitlahuac procurou nesse meio tempo reconstruir suas relações com os povos vizinhos, pois a Confederação Mexica estava enfraquecida pelas alianças que muitos grupos indígenas haviam estabelecido com os espanhóis. Para voltar a atrair esses grupos, o governante mexica prometeu reduzir os tributos, assim como as obrigações militares.

Entretanto, essa proposta, longe de convencer que o melhor a fazer era voltar à esfera de poder dos mexicas, levou os caciques locais a concluir que os mexicas estavam muito debilitados e temiam os espanhóis, assim, era preciso seguir apoiando os recém-chegados. Os mexicas haviam perdido a aura de invencibilidade, que era um dos principais fundamentos de seu poder.

Meses depois, os astecas foram atacados por um novo e terrível inimigo: a varíola. Ela havia vindo na expedição de Panfilo Narvaes, no corpo de um escravo africano infectado com a enfermidade até então desconhecida na América e contra a qual os indígenas não tinham boas defesas biológicas. O vírus se expandiu rapidamente por toda a Mesoamérica e seus habitantes morreram aos milhares. A epidemia chegou a Tenochtitlán em outubro de 1520 e, entre suas inumeráveis vítimas, contou-se o próprio *tlatoani* Cuitlahuac, que faleceu em 25 de novembro do mesmo ano.

Ele ficara apenas cinco meses no poder. Seu sucessor foi Cuautemoc, que também se dispunha a combater os espanhóis até o fim. Ironicamente, a tradução da palavra *cuautemoc* parece se antecipar aos fatos, pois significa "a águia que caiu".

A NOITE TRISTE

Depois de resistir por várias semanas de combates em Tenochtitlán, Cortez decidiu que o melhor a fazer, nesse momento, era sair da cidade, salvando o maior número possível de homens. A fuga seria na noite de 30 de junho de 1520, dois dias após a morte de Montezuma. Para viabilizá-la, os espanhóis construíram pontes de madeira que lhes permitiram atravessar os canais que dividiam as calçadas e os levavam à terra firme. Ao partir, carregaram consigo todo o ouro, a prata e as joias que conseguiram transportar em seus cavalos, mas também nas vestes e nas mãos. Do total das riquezas, estavam previstas já a parte que caberia a Cortez, a parte a ser dividida entre os soldados e o quinhão do rei. No dia anterior à fuga, foi repartida a quantidade de ouro que cada homem carregaria. Alguns jovens inexperientes e sobrecarregados chegaram a afundar no lodo ao sair da cidade. Na fuga, os espanhóis também levaram consigo um filho e duas filhas de Montezuma, além de alguns senhores índios.

A retirada começou por volta de meia-noite, sob chuva e trovões. Procuraram ser discretos, mas foram vistos por uma índia, que alertou os soldados astecas. O embate então recomeçou com os espanhóis tentando resistir aos ataques ao mesmo tempo em que procuravam escapar da cidade. Bernal Dias de Castilho registrou seu espanto diante da "multidão de guerreiros" que combatiam os espanhóis. Na luta, a artilharia europeia e parte do tesouro roubado foram perdidas ou abandonadas. Os sobreviventes, desesperados para fugir, pisavam sobre os corpos dos cavalos e dos próprios companheiros feridos ou mortos na batalha. Alonso de Aguilar, que também participou do episódio, lembrou mais tarde: "não havia homem que ajudasse e desse a mão a seu companheiro, nem ainda a seu próprio pai, nem irmão ao próprio irmão".[4] Vários espanhóis ficaram presos na cidade – segundo Francisco Lopes de Gómara, cerca de duzentos homens – e foram abandonados por Cortez. A data de 30 de junho de 1520 ficaria conhecida na Espanha como *La noche triste* (A Noite Triste).

Pelos cálculos do capitão, na ocasião teriam morrido 150 soldados, 45 cavalos e 2 mil índios aliados. O próprio Cortez quase sucumbiu ao ataque. Na confusão, os espanhóis não sabiam para onde ir, mas foram ajudados pelos tlascaltecas,

No episódio conhecido como A Noite Triste, os espanhóis foram obrigados a fugir de Tenochtitlán e buscar abrigo em Tlascala
[*Biombo de la Conquista* – detalhe (século xvii), anônimo]

que os guiaram de volta a Tlascala com os mexicas em seu encalço. Muitos sobreviventes estavam feridos e todos estavam cansados, sujos e famintos.

Os astecas, motivados por suas vitórias, estavam a ponto de vencer os debilitados espanhóis quando Cortez, em um golpe de sorte, capturou a bandeira de guerra dos astecas. Nesse instante, os mexicas teriam se retirado, pois, segundo sua tradição, um exército que perdia sua bandeira havia sido derrotado mesmo que, na realidade, estivesse ganhando a batalha. Essa versão, contudo, não parece muito verossímil e é possível pensar que os mexicas preferiram simplesmente voltar para não ter que enfrentar outros índios inimigos. Graças a isso, os espanhóis puderam escapar e chegar a Tlascala em 8 de julho de 1520.

EM TLASCALA

Refugiados em Tlascala, os espanhóis temiam que seu aliado indígena mais poderoso resolvesse entregá-los aos mexicas, que agora pareciam ser os mais fortes. De fato, os líderes tlascaltecas ficaram divididos quanto a essa questão. Quando, por fim, decidiram pela manutenção da aliança, os europeus puderam respirar aliviados, recuperar-se e pensar nos preparativos para uma nova investida contra os astecas.

O grupo dos conquistadores, porém, estava bastante debilitado. Vários homens mancavam ou haviam perdido algum membro. O próprio Cortez não movimentava mais tão bem a mão esquerda. Em terras tlascaltecas, receberam alimentos, roupas e cuidados curativos. Mesmo assim, muitos soldados queriam desistir da conquista asteca e voltar para Vera Cruz, Cuba ou mesmo para a Espanha. Cortez também chegou a desentender-se com seus homens por conta do ouro que os espanhóis conseguiram salvar e trazer de Tenochtitlán. O problema era definir exatamente quanto havia sobrado e o que fazer com isso. Cortez alegava que a parte que caberia ao rei Carlos V era justamente a que havia se perdido. Do que seria dos soldados, restara muito pouco, enquanto o ouro reservado para o próprio capitão era o que se salvara. Não se sabe se foi isso mesmo, o fato é que Cortez guardou grande quantidade do ouro salvo para si e ainda cobrou algo dos outros conquistadores para cobrir o prejuízo do ouro supostamente perdido de Carlos V. Muitos ficaram descontentes, mas, em geral, os comandados do capitão mantiveram-se fiéis a ele, tanto que, em uma carta enviada ao monarca em nome do Exército de Cortez em outubro de 1520, atribuíram à campanha de Diego Velásquez contra Cortez e aos subsequentes ataques astecas a razão da quantia decepcionante que chegava à Coroa:

> [...] e na saída, apareceram inumeráveis índios defendendo a cidade, na qual mataram certo número de espanhóis e cavalos, e tomaram muito ouro e joias, tanto de Vossa Majestade como de muitos de nós [...] e os ditos índios [...] têm feito muitos outros danos. E é por isso que suplicamos e apelamos à Vossa Majestade. Diego Velásquez e Panfilo Narvaes foram a causa de tantas mortes e danos.[5]

NOTAS

[1] Hernán Cortés, *Cartas de Relación*, Madrid, Dastin, 2007, p. 125.
[2] Bernal Díaz del Castillo, *Historia verdadera de la conquista de la Nueva España*, México, Porrúa, 2007, p. 211.
[3] "Carta del ejército de Cortés al imperador", em *Documentos Cortesianos*, México, FCE, 1992, p. 158.
[4] Fray Francisco de Aguilar, *Historia de la Nueva España*, México, Ediciones Botas, 1938.
[5] "Carta del ejército de Cortés al imperador", op. cit., p. 158.

A conquista de Tenochtitlán

OS PREPARATIVOS

Cortez não admitia a derrota e muito menos contratempos. Depois de vinte dias de repouso entre os tlascaltecas, passou a organizar os próximos movimentos para recuperar sua maior conquista. Em primeiro lugar, precisava de mais soldados.

Entre os meses de agosto e setembro de 1520, um navio aportou na costa de Vera Cruz, comandado por Pedro Barba a mando deVelásquez com ordens de levar Cortez preso de volta para Cuba. Pedro Barba e os 13 soldados que o acompanhavam, entretanto, aceitaram juntar-se a Cortez em troca de promessas de enriquecimento. Os dois cavalos vindos com eles no navio também foram incorporados.

Pouco tempo depois, chegava de Cuba Rodrigo Morejão, com mais oito soldados e um cavalo, com as mesmas ordens de Barba. Cortez conseguiu suborná-los e convencê-los do mesmo modo como havia feito com o enviado anterior. Além disso, argumentou que ele e seus homens lutavam com ordens reais e que o verdadeiro traidor era Velásquez.

Aos poucos, de diversas maneiras, o grupo de Cortez foi recebendo reforços de outras expedições espanholas. Em quatro meses, 150 homens e 18 cavalos tinham se agregado ao exército sob o comando do capitão. Assim, o número de soldados perdidos na Noite Triste foi compensado pela chegada dos novos.

Ao mesmo tempo em que procurava aumentar seu contingente com soldados espanhóis, Cortez não descuidava de sua aliança com os tlascaltecas. Para mantê-la firme era necessário aparentar força diante dos índios locais. Por isso, enquanto deixava alguns homens descansando em Tlascala, promovia ataques a guarnições mexicas mais próximas. Com isso obteve, entre novembro e dezembro de 1520, a "pacificação" (o domínio espanhol) de Tepeaca e de diversas outras pequenas províncias da Confederação Mexica, o que permitiu aos espanhóis constituírem bases militares cada vez mais próximas de seu objetivo enquanto enfraqueciam as alianças de Tenochtitlán.

Ao fazer um balanço de seus recursos militares em dezembro de 1520, Cortez contou 40 cavaleiros, 550 homens de infantaria e 9 canhões, embora a pólvora estivesse acabando. No dia 22, o capitão apresentou, em um documento chamado *Ordenanças Militares*, suas instruções aos soldados que o seguiriam na conquista do México. Seu objetivo principal era estabelecer uma organização que garantisse a disciplina dos soldados e evitasse pilhagens particulares. Cortez

Mapa contendo os principais povoados indígenas visitados pelos espanhóis na época da conquista.

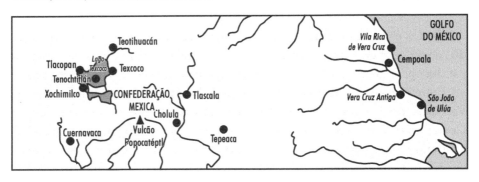

pretendia ter controle total sobre seus homens e assegurar que todas as riquezas conquistadas fossem devidamente guardadas para serem divididas depois, de acordo com os seus critérios e sob as suas ordens diretas. Além disso, queria uni-los em torno de um foco comum e incutir-lhes confiança na vitória.

Assim, apelou para a religiosidade dos espanhóis. Destacou nas ordenanças que o principal motivo da luta espanhola na América era o combate às idolatrias e a implantação da fé católica, portanto, os cristãos que estivessem em sua companhia deveriam "observar os melhores costumes e ordens possíveis, tanto para o servi- ço de Deus Nosso Senhor e da Sacra Católica Majestade, como para ter cuidado em relação aos inimigos já que era a mais belicosa e astuta gente em guerra".[1]

Cortez lembrava aos homens uma crença muito difundida na Europa de então de que o bom cristão tem Deus a seu lado em todas as lutas. Como o bom cristão é exemplo de moral e conduta, as ordenanças proibiam jogos de azar, baralhos e blasfêmias. (Cortez só permitia jogos se ele estivesse presente, mesmo porque, pelo que dizem certos cronistas, o capitão era viciado nos jogos de dados.) As divergências entre os espanhóis por conta de regionalismos, entre outras tantas motivações, eram comuns e costumavam opor grupos de solda- dos e provocar muitas brigas; assim, as ordenanças deixavam bem claro: "Que nenhum espanhol seja ousado de levantar a mão com espada ou punhal contra outro espanhol".[2] O verdadeiro inimigo era o "outro":

> [...] o demônio, pela cegueira e engano dos índios, os trai e é por eles mui- to venerado. Ele afasta os índios, com horror e idolatria, e os reduz ao pouco conhecimento de nossa santa fé católica. Nosso Senhor será muito servido e, além disso, é preciso adquirir glória para nossas almas e daqui adiante não fazer eles se perderem ou serem condenados.[3]

Cortez dividiu seu grupo em capitanias e estas em pelotões de vinte homens com seus respectivos cabos no comando. Cada líder de capitania deveria ter sua bandeira, mas todos os contingentes deveriam se mover juntos. Os líderes de cada uma delas estavam proibidos de agir sem ter recebido ordens diretas de Cortez e, sobretudo, não poderiam entrar nas casas dos inimigos para roubá-los, a não ser depois que os habitantes fossem removidos. Com isso, Cortez que- ria poupar alguns indígenas da morte por ocasião das invasões e dos saques. Os saques de guerra deveriam ser reunidos diante do capitão-geral, que era o próprio Cortez, para somente depois serem repartidos. Cada infração receberia um castigo específico que ia de multa a prisão ou açoites. A pena de morte era reservada para os casos de pilhagem para benefício pessoal.

Em relação aos milhares de indígenas aliados, Cortez igualmente tentou estabelecer regras de conduta militar. Para sua implantação, definiu como responsáveis pelos índios aliados os espanhóis Alonso de Ojeda e Juan Marques. No entanto, Cortez não conseguiria evitar que vinganças e animosidades étnicas entre os próprios índios causassem a morte de boa parte da população indefesa dos povoados invadidos.

Cortez sabia que para vencer Tenochtitlán era preciso desmantelar a Confederação Mexica até deixar a cidade sem aliados de peso. Obteve um grande avanço ao conseguir submeter todas as guarnições mexicas no vale de Puebla e convencer, por bem ou por mal, os povoados da região a se aliar aos espanhóis. Essa região era importante não somente por suas próprias riquezas, mas porque estava no caminho entre o vale do México e a Costa do Golfo, Oaxaca e Chiapas, locais de grande importância para a dominação asteca.

Para obter aliados convenientes ou simplesmente submeter os nativos, além da violência e do medo, Cortez procurava manipular as crenças religiosas indígenas a seu favor. Por algum tempo, alimentou entre eles a dúvida sobre se os espanhóis eram ou não deuses, ou se ele mesmo seria a encarnação de Quetzalcóatl. Quando, depois de tantos massacres, saques, violações e mesmo derrotas, foi impossível manter a questão, a ideia de que, mesmo não sendo divinos, os espanhóis tinham um deus poderosíssimo a seu favor ganhou corpo.

OS BERGANTINS E OS SOLDADOS DE CORTEZ

Cortez procurou desenvolver uma forma mais segura de acesso a Tenochtitlán, que também permitisse uma retirada bem-sucedida em caso de necessidade. Determinou então a construção de 12 embarcações pequenas e rápidas, bergantins, pois pensava chegar até os astecas também por água, já que a cidade ficava sobre um lago. Os bergantins combateriam com mais eficácia as canoas indígenas que haviam sido responsáveis por muitas perdas entre as forças espanholas.

Todos os bergantins deveriam estar prontos em março de 1521 quando Cortez planejava partir para sitiar a cidade com o intuito de esgotar as suas forças antes de invadi-la definitivamente. Era bastante difícil construir embarcações a 100 km do local onde seriam de fato usadas. Após estarem prontas, deveriam

Para invadir Tenochtitlán, Cortez promoveu a construção de embarcações ágeis confeccionadas por mão de obra indígena mantida sob controle por meio de violência.
[Detalhe do *Lienzo de Tlaxcala* (século XVI).]

ser transportadas por terrenos úmidos e montanhosos até as margens do rio Texcoco, quando finalmente seriam postas na água. Porém, para a construção dos barcos, Cortez podia contar com carpinteiros e ferreiros hábeis e o apoio inestimável dos índios aliados.

Coube a Martim Lopes, experiente carpinteiro naval, chefiar a execução do projeto. Lopes instruiu soldados espanhóis, acompanhados de alguns índios, para que trouxessem de Vera Cruz os destroços dos navios que haviam sido destruídos anteriormente por Cortez. Estopas, velas, cabos, pregos e pedaços de madeira aproveitáveis foram obtidos dessa forma. Lopes também buscou madeira nas montanhas próximas a Tlascala. Obtido o material necessário, o projeto foi concluído a contento. Após cerca de quatro meses de trabalho intenso, os barcos puderam ser testados no rio Zahuapan, localizado em domínios tlascaltecas, que havia sido represado especialmente para esse propósito. Depois do resultado positivo, os 12 bergantins seriam desmontados e transportados até o rio Texcoco, onde receberiam a artilharia.

O transporte dos barcos por terra foi outra epopeia. No caminho, havia diversos povos aliados dos mexicas, além de pântanos, matas perigosas e muita chuva. Para que o deslocamento dos bergantins fosse bem-sucedido, os espanhóis tiveram que se envolver em vários combates. O próprio esforço de carregar os barcos foi enorme, mas coube apenas aos índios que os acompanhavam já

Os soldados de Cortez usavam pesadas armaduras de ferro que certamente traziam problemas de locomoção e aqueciam demais nas matas fechadas. No entanto, eram úteis para protegê-los nas batalhas. [Réplica de armadura de ferro espanhola do século XVI.]

que era visto como trabalho braçal indigno de ser feito por cristãos. Os espanhóis apenas dirigiam, vigiavam e protegiam a carga.

No longo trajeto de Tlascala até Texcoco, os espanhóis passaram pelo povoado de Calpulalpan. Na ocasião, o vilarejo estava deserto, abandonado pelos habitantes. Por lá havia crânios expostos, couro de cavalos e restos humanos, provavelmente resultado de sacrifícios religiosos. Em uma parede próxima aos ossos, havia uma inscrição a carvão em espanhol com os dizeres: "Aqui esteve preso e sem ventura Juan Yuste [um cavaleiro espanhol], com outros muitos cristãos que trazia em minha companhia". Cortez aproveitou a descoberta para motivar seus homens a seguir em frente com a determinação de, como cristãos, eliminarem "práticas demoníacas" como essa que havia vitimado Yuste e seus soldados. A conquista de Tenochtitlán ganhava, cada vez mais, tons de cruzada.

Em Texcoco, foi construído um dique para sustentar as peças dos bergantins que seriam ali remontados. Ao mesmo tempo, foi cavada uma valeta para

A CONQUISTA DE TENOCHTITLÁN **115**

comunicar o dique com o lago. As duas obras demoraram mais ou menos cinquenta dias e envolveram em sua execução aproximadamente oito mil pessoas. O trabalho pesado foi feito totalmente por mão de obra indígena. Embora possamos cogitar que índios tenham contribuído para o planejamento técnico (por conhecerem melhor a região, a largura e a profundidade dos lagos e serem exímios construtores de canoas), não há registros a esse respeito, tendo prevalecido a versão de que a concepção da obra coube apenas a espanhóis.

Os bergantins podiam ter um ou dois mastros com velas, comportavam 12 remadores, 6 de cada lado, e podiam carregar até 25 pessoas. Cortez teve alguma dificuldade em escolher os remadores entre os espanhóis, pois eles acreditavam que, combatendo na água, teriam mais dificuldades de se apossar dos despojos da guerra.

Em 28 de abril de 1521, as embarcações estavam prontas para entrar em ação. Na ocasião, Cortez já computava os reforços militares recebidos. Com o acréscimo dos homens e armas da expedição de Pedro Barba e da armada de Rodrigo Morejão aos soldados e equipamentos disponíveis, o exército espanhol de Cortez ficou quase duas vezes maior do que aquele que restara da fuga de Tenochtitlán. Além disso, chegou também uma tropa comandada por Julião de Alderete, tesoureiro espanhol, enviado diretamente pelo rei Carlos v para ajudar a expedição de Cortez, fiscalizar o capitão e cuidar dos interesses do monarca. A chegada de Alderete legitimava o empreendimento de conquista levado a cabo por Cortez, pois deixava claro, pela primeira vez, que havia uma ação direta do rei. Por outro lado, nem todos os soldados sobreviventes da Noite Triste quiseram ficar e lutar até o final contra os mexicas. Muitos pediram licença para voltar a Cuba e rever seus familiares ou retornar à Europa. Cortez achou melhor perder alguns homens do que ter descontentes em seu exército capazes de deflagrar motins e revoltas.

Como resultado, o exército de Cortez passou a ser formado por homens fiéis, que estavam com ele desde o início, e por recém-chegados, muitas vezes ex-rivais, que tinham acabado de se incorporar ao grupo. Com medo de traições, Cortez começou a andar com guardas pessoais.

ACERTOS FINAIS

Enquanto se preparavam para dominar Tenochtitlán, os espanhóis invadiram e massacraram as pequenas comunidades ribeirinhas vizinhas à grande cidade para que não pudessem ajudá-la na guerra que se aproximava. Sem piedade, incendiaram, destruíram e arrasaram todos os povoados que circundavam a cidade lacustre. Pelo norte invadiram, entre outros, Xalcotan e Tacuba, e, pelo sul, Cuernavaca e Xochimilco até chegarem a Coioacán. Sua intenção, nesse momento, era dominar povoados e dar a volta completa ao redor da cidade, usando as lagoas.

Os ataques serviam também para obter aliados, pois muitos sobreviventes acabavam se juntando aos temidos espanhóis contra os mexicas de Tenochtitlán.

Com essas incursões, Cortez aproveitou para examinar as entradas e as saídas de Tenochtitlán e preparar com cuidado seu plano de guerra. Avaliou que, para conquistar a cidade, era preciso combinar os ataques lacustres e os terrestres. Assim, seus líderes de capitanias necessitavam de mapas com a posição das calçadas, os recortes geográficos da capital mexica e a localização das principais entradas e dos acessos às construções e monumentos mais importantes. Embora muitos mapas tenham sido confeccionados por espanhóis, é bem provável que o primeiro tenha sido feito por índios aliados que certamente conheciam melhor a peculiar topografia da cidade e seus arredores. Mesmo sem registros nesse sentido, é bastante lógico pensar que os índios aliados também contribuíram com técnicas e estratégias de guerra adaptadas ao universo mesoamericano.

Tendo dominado o vale de Puebla, Hernán Cortez estabeleceu sua base de operações na cidade de Texcoco, no vale do México. Até então, Texcoco tinha sido uma das principais aliadas de Tenochtitlán, mas Cortez soube se aproveitar de uma disputa interna para conseguir seu apoio. Negociou com um dos líderes de Texcoco, Ixtlilxóchtli, a quem ofereceu auxílio diante dos rivais que disputavam com ele o poder na cidade. Com isso, Ixtlilxóchtli ganhou força para trair seu irmão Coanacochtzin e tornar-se o principal senhor local.

Em fins de março de 1521, Cortez considerou que não havia mais obstáculos entre os conquistadores e Tenochtitlán e que já tinha informações suficientes para começar a guerra. Entre os seus aliados indígenas, estavam guerreiros de Tlascala, Cholula e Chalco. Agora os índios aliados eram mais de cento e cinquenta mil ao todo. Ao pensarmos nesses números podemos concluir, como alguns historiadores, que a conquista de Tenochtitlán foi, essencialmente, consequência de uma guerra entre índios. Ou melhor, mais do que representar um conflito de europeus *versus* indígenas, como se houvesse uma unidade entre estes últimos, o cerco a Tenochtitlán reflete a heterogeneidade e as contradições da Mesoamérica, pois evidencia a rivalidade existente entre os próprios nativos.[4]

Imagem do atual bairro mexicano de Xochimilco, antiga cidade aliada da lacustre Tenochtitlán.
[Foto do autor, 2006.]

O mês de maio de 1521 foi aproveitado para os últimos preparativos para sitiar Tenochtitlán. Cortez protegeu e fechou as três entradas da cidade, designando guarnições e capitães específicos para cada uma das calçadas de acesso. Pedro de Alvarado, Cristóvão de Olid e Gonçalo de Sandoval foram os escolhidos para liderar os grupos que fariam a invasão por terra. Cada um dos 12 bergantins recebeu um comandante com instruções diretas de Cortez para os combates. Os barcos iam providos de uma pequena peça de artilharia manejada por atiradores treinados. O capitão-geral dos barcos, Martim Lopes, usou Coioacán como base de ação dos espanhóis.

Cortez e seus aliados indígenas sabiam que atacar a capital mexica, no centro do lago, era muito difícil. A comunicação com terra era feita apenas por algumas poucas calçadas e os astecas haviam retirado todas as pontes existentes.

Os espanhóis haviam interrompido o aqueduto de Chapultepec, que levava água doce à capital mexica, para forçar os habitantes a beber a água suja do lago

Texcoco. Porém, isso não provocou danos imediatos, pois os astecas continuaram obtendo água potável, além de mantimentos, que chegavam em centenas de canoas durante a madrugada. O fluxo de canoas com milho, batata, tomate, animais e água aos sitiados só foi interrompido quando Cortez designou dois bergantins para fazer rondas noturnas e evitar a entrada dessas mercadorias. As canoas deveriam ser atacadas e as mercadorias roubadas e trazidas ao acampamento espanhol.

Os mexicas de Tenochtitlán juntaram armas e armazenaram pedras, flechas e mantimentos e conseguiram reunir perto de 300 mil soldados e milhares de canoas para a luta. O número de guerreiros mexicas só não foi maior porque povoados importantes, como Cholula e Chalco, tinham passado para o lado inimigo. Os habitantes de Xochimilco e Coioacán que, no primeiro conflito contra os invasores e mesmo no início da segunda, colaboraram com Tenochtitlán, agora já não podiam mais ajudá-la. Mesmo os ribeirinhos submetidos pela força a Cortez, passaram a colaborar com os inimigos de Tenochtitlán, que mostravam ser o lado mais forte e propenso a vencer a guerra. Os astecas de Tenochtitlán isolados, abandonados por seus vassalos e partidários, seriam, em pouco tempo, também abandonados por seus deuses.

TENOCHTITLÁN SITIADA

No final de maio de 1521 iniciou-se a guerra propriamente dita. Diversos combates ocorreram, tanto em terra quanto na água. Apoiados pelos soldados que atacavam por terra, os bergantins espanhóis conseguiram eliminar cerca de quinhentas canoas e tomar o forte Iztapalapa que protegia uma das entradas da cidade. Com o controle desse ponto estratégico, os espanhóis impediam a comunicação de Tenochtitlán com alguns povos que habitavam o sul do vale do México.

Pouco tempo depois, os bergantins fecharam as saídas da cidade e deixaram finalmente Tenochtitlán isolada e cercada. A partir desse momento, começaram as incursões para dentro da cidade, por cada uma das calçadas existentes, com ações combinadas entre os barcos e a infantaria.

Diante disso, a reação dos astecas era enérgica e inteligente. Procuravam destruir os bergantins, atraindo-lhes a determinados pontos da lagoa que era defendida por armadilhas onde os inimigos ficavam presos. Além disso, os astecas recebiam os espanhóis e seus aliados com uma enorme quantidade de pedras e flechas, procurando impedir seu avanço.

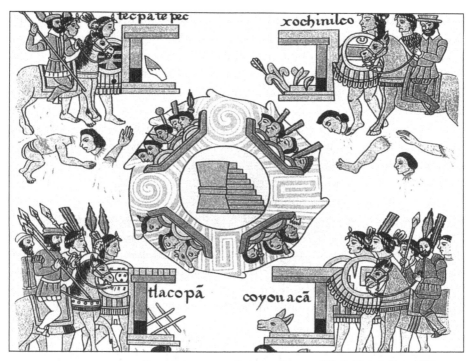

Esquema que representa o cerco dos espanhóis à cidade de Tenochtitlán e que deixa visível o apoio dos índios aliados, indicado pela menção aos povoados que passaram para o lado dos europeus: Tlacopan, Coioacán e Xochimilco. [Detalhe do *Lienzo de Tlaxcala* (século XVI).]

    Entretanto, dia após dia os invasores se aprofundavam cada vez mais, minavam a capacidade de reagir dos habitantes e tomavam pontos importantes da cidade. Em uma das tantas incursões que fizeram, Cortez ordenou a derrubada dos ídolos do Templo Maior e o incêndio do palácio onde ele mesmo havia se instalado em sua primeira chegada, além de queimar outras construções.

    A certa altura, os sitiados conservavam intacto um ponto da cidade que se tornaria lugar de concentração da resistência dos mexicas, o mercado de Tlatelolco. Cortez deu então instruções a Pedro de Alvarado e a Gonçalo de Sandoval para que concentrassem suas ações com o objetivo de tomar o local. Em 30 de junho de 1521, aniversário do episódio conhecido como A Noite Triste, os homens do capitão tentaram invadir o mercado. Entretanto, ele era cercado por ruas estreitas que, por sua vez, eram cruzadas por muitos canais e a incursão espanhola não foi bem-sucedida, no que pareceu reeditar o drama do ano anterior. Vários espanhóis, não se sabe ao certo quantos, e aproximadamente mil índios aliados foram mortos na ação frustrada. Na ocasião, Cortez caiu na água e foi resgatado por Antonio de Quinhones, mas uma perna sua ficou ferida.

Desde o início da invasão, 78 espanhóis haviam morrido. Outros tantos tinham sido capturados e mortos sacrificados em rituais astecas. Alguns prisioneiros que conseguiram sobreviver relataram que os índios mostravam a todos as cabeças dos espanhóis sacrificados e diziam, aos berros, para comemorar sua vitória parcial, que eram as de Malinche e Sandoval, pois reconheciam a índia como uma traidora e Sandoval como um inimigo importante.

Aterrorizar os espanhóis fazia parte da tática defensiva dos mexicas que, todas as noites, organizavam festas iluminadas e ruidosas no templo mais alto de Tlatelolco, ao som de gritos, tambores e trombetas, e, então, sacrificavam os inimigos em homenagem ao deus Huitzilopochtli. Nessas cerimônias, acreditavam que o deus lhes prometia vitória em poucos dias. As cabeças dos cavalos e das pessoas sacrificadas, juntamente com pés e mãos cortados, eram enviadas, durante a noite às escondidas, aos povoados indígenas vizinhos com a mensagem de que os astecas estavam matando muitos espanhóis, para com isso tentar obter algum aliado.

PRISÃO DE CUAUTEMOC E FIM DA GUERRA

Apesar da vitória parcial indígena na batalha do mercado, a fome e a sede debilitavam a população de Tenochtitlán. Durante a noite, alguns habitantes necessitados saíam escondidos para buscar raízes e ervas, ocasião em que eram atacados pelos soldados espanhóis. Com isso, muitas mulheres, crianças e jovens indefesos foram mortos. Mais tarde, Cortez seria impiedoso ao se referir a esses episódios em que pessoas miseráveis eram assassinadas cruelmente com seu aval.

Em meio à aflição diante do inimigo poderoso, Cuautemoc, o líder maior da cidade, decidiu apelar por um milagre. Ordenou que um dos seus guerreiros mais valentes se vestisse com um antigo traje decorado de ouro e plumas de quetzal e lhe deu uma espada de turquesa, considerada a arma sagrada com que o deus solar Huitzilopochtli derrotara seus inimigos em outras guerras. A roupa e a arma tão importantes para os astecas não tiveram qualquer efeito sobre os espanhóis. Ao perceberem a inutilidade de objetos caros à cultura asteca, os índios ficaram desconcertados e o pessimismo tomou conta do povo de Tenochtitlán. Talvez o deus dos espanhóis fosse mesmo o único a existir como insistiam os conquistadores e a derrota final dos astecas era só uma questão de tempo.

Em 24 de julho de 1521, os homens de Cortez conseguiram tomar o palácio de Cuautemoc e já eram donos de três quartos da cidade. Dias depois, nuvens de fumaça saíam das pirâmides de Tlatelolco: eram os soldados comandados por Pedro de Alvarado que haviam atingido o local e incendiavam aqueles prédios, ainda que não tivessem conseguido dominar totalmente o último foco de resistência dos mexicas. Cortez foi até lá para se encontrar com Alvarado. Juntos subiram ao topo de uma das pirâmides e, com uma visão panorâmica, perceberam que faltava pouco para a conquista se consolidar. A guerra tinha afetado toda a população da cidade, como, inclusive, Montezuma havia previsto. Obrigados a beber a água suja dos canais, homens, mulheres e crianças caíram doentes ou morreram. Com o avanço dos inimigos, muitos habitantes eram levados a dormir nas ruas ou nos sótãos dos prédios de Tenochtitlán, entre os cadáveres insepultos de seus vizinhos e parentes, sofrendo ainda com as terríveis chuvas que se abatiam sobre a cidade. Os guerreiros astecas sucumbiam aos contínuos combates a que estavam sujeitos. E os sobreviventes, cada vez mais angustiados, passavam a desejar o fim da guerra qualquer que fosse o custo. O desespero dos astecas deve ter aumentado quando uma bola de fogo, provavelmente um cometa, cruzou o céu da cidade, o que foi interpretado por eles como um anúncio do fim dos tempos. Os próprios cronistas espanhóis gostavam de citar acontecimentos assim como se fossem sinais divinos de que a Espanha cristã estava predestinada a conquistar seus inimigos.

Em cartas que escreveria tempos depois a Carlos V,[5] Cortez registrou que, embora continuasse a ordenar as matanças, entristecia-se com o número de mortos, especialmente entre as vítimas inocentes, mulheres, idosos e crianças. Mas, fazia isso, porque, segundo ele, essas pessoas não se rendiam. Afirmou ter tentado sem sucesso negociar o fim do conflito. Disse que buscara, de todas as maneiras, conquistar a amizade dos habitantes de Tenochtitlán; primeiro, para que não dessem motivos de serem destruídos e, segundo, para que os conquistadores pudessem descansar, para que não ficassem sem pólvora e para que não ocorressem mais mortes entre seus soldados.

Verdadeiras ou não (podiam ser apenas uma forma de se justificar perante o rei), o fato é que tentativas de Cortez negociar com os astecas também seriam narradas pelo cronista Bernal Dias de Castilho. O cronista soldado conta que Cortez ordenou que alguns índios fossem levar a Cuautemoc sua proposta de paz, mas os emissários escolhidos se recusaram a entregar tal mensagem com medo de serem mortos nas mãos de Cuautemoc. Cortez insistiu e mandou-lhes dizer ao líder asteca que "em nome de Sua Majestade lhes perdoaria todas as mortes e danos que foram feitos e lhes faria muitos favores e que teria consideração e que também sabíamos que eles estavam sem água e mantimentos".[6] Os mensageiros partiram e os espanhóis cessaram momentaneamente os ataques para esperar a resposta. Ao receber o recado, Cuautemoc reuniu um conselho de indígenas composto por guerreiros e foi instruído para ter cuidado com as promessas dos espanhóis, já que eram grandes mentirosos. A resposta de Cuautemoc a Cortez, segundo Castilho, foi: "mais vale que todos morram nesta cidade lutando do que ficar sob o poder de quem os faria escravos e que nos atormentariam por ouro".[7] Cortez tentou, então, falar diretamente com Cuautemoc, mas ele não o recebeu, dizendo que preferia a morte a qualquer tipo de rendição. O *tlatoani* mandou avisar que deste momento em diante mataria qualquer um que viesse com novas propostas. Castilho concluiu: "feríamos e matávamos muitos deles, mas parece-me que desejavam morrer lutando".[8]

Cortez, então, resolveu tomar a cidade de um só golpe. Determinou que os soldados avançassem o máximo possível em direção ao centro da cidade, até a praça do mercado de Tlatelolco onde estavam os templos religiosos mais importantes. A incursão não foi tão difícil quanto parecera a princípio, porém, ao chegar ao local, o capitão surpreendeu-se com a quantidade de cabeças espanholas espetadas em vigas dispostas diante de alguns adoratórios astecas.

Gonçalo de Sandoval recebeu ordens para encontrar Cuautemoc, sem contudo matá-lo ou agredi-lo. Para uma possível fuga, o *tlatoani* havia preparado cinco dezenas de canoas com bons remadores. Se conseguisse escapar, poderia talvez continuar a luta de um local mais distante. Entretanto, foi abordado pelos bergantins no momento em que, já embarcado, tentava sair da cidade. Acompanhavam-no sua mulher, que era filha de Montezuma, e outros importantes caciques da Confederação Mexica, como Coanacochtzin, ex-líder de Texcoco que havia sido desbancado pelo irmão, e Tetlepanquetzal, da cidade de Tlacopan. Os três homens usavam mantas sujas, sem sinais de distinção, mas foram reconhecidos e presos pelo soldado Garcia Holguim. Holguim, entretanto, não quis entregá-los a Gonçalo de Sandoval e sim diretamente a Cortez, de quem esperava receber uma boa recompensa. Depois de alguma discussão, ambos finalmente escoltaram os prisioneiros até o capitão que aguardava na praça do mercado de Tlatelolco. O lugar não poderia ser mais adequado, por tudo o que simbolizava para os mexicas. Ao verem seu líder preso diante de seus templos tomados ou destruídos, saberiam que a guerra terminara.

Os espanhóis também fariam interpretações religiosas a partir do fato de Cuautemoc ter sido capturado no dia 13 de agosto, considerado Dia de São

Hipólito. A palavra Hipólito tem dois sentidos para os católicos. Como derivada de *hyper litos* ("sobre a pedra") pode significar "fundado em Cristo", sendo a captura do *tlatoani* o início da cristianização dos nativos. Ou, se pensarmos em *in polis* ("aquele que está na cidade"), a data pode significar o momento previsto por Deus para frustrar os planos de fuga do inimigo. De um modo ou de outro, para os conquistadores, servia como mais uma "prova" da intervenção divina a favor de seus feitos.

Diante de Cortez, Cuautemoc pediu que o matassem ali mesmo, em público. Mas o capitão se negou a fazê-lo e, ao contrário, prometeu-lhe um tratamento justo e generoso. Com a captura de seu *tlatoani*, os astecas pararam de combater e se deram por vencidos.

Os espanhóis haviam sitiado Tenochtitlán por 75 dias. Cortez, em uma carta, contou ter agradecido a Deus pela conquista: "Depois de haver recolhido os despojos de guerra, nós fomos para o acampamento dando graças a Nosso Senhor por tão divino favor e tão desejada vitória como nos havia dado".[9]

A Tenochtitlán limpa, organizada, com enormes prédios, pontes e construções magníficas, agora era passado. Restaram apenas ruínas. O que os cronistas europeus haviam registrado a seu respeito, dois anos antes, não existia mais. Ao descrevê-la, Cortez pintou um cenário de destruição, vivos andando sobre mortos, corpos espalhados nas ruas ou boiando nas águas. Cortez não fez nenhum levantamento do número de mortos durante a guerra de conquista. A conta é bastante incerta e a quantidade de vítimas oscila muito nas crônicas, variando de 50 a 100 espanhóis e de 100 a 200 mil índios mexicas. É difícil confiar plenamente nos números apresentados pelas crônicas, pois muitas vezes se tratam de exageros a fim de glorificar ainda mais a vitória dos conquistadores, além de que a ideia de exatidão contábil ainda não existia no século XVI e nem parecia ser uma preocupação de homens como Cortez ou Bernal Dias.

Os sobreviventes, esfomeados, sedentos e desabrigados, bebiam água salgada e mal conseguiam respirar com o cheiro dos dejetos e da putrefação a sua volta. Para muitos, a única opção era fugir da cidade. Cortez permitiu que vários índios saíssem para buscar ajuda nos povoados mais próximos, mas não sem antes serem revistados em busca de ouro e joias. Ordenou também a remoção dos cadáveres e a construção de uma casa para ele próprio em Coioacán.

O capitão distribuiu cativos indígenas entre seus homens. Repartiu também o ouro e as joias recentemente obtidos, reservando desta vez as melhores peças para a Coroa espanhola. No entanto, essa divisão do butim não foi suficiente para dar conta dos desejos e necessidades dos conquistadores. O obtido, segundo muitos, não pagava nem mesmo as despesas com as armas e com os cavalos e muitas brigas ocorreram por conta disso.

Boatos de que o ouro perdido na Noite Triste estava no fundo do lago ou de que Cuautemoc o havia resgatado e escondido em algum lugar da cidade levaram o tesoureiro Julião de Alderete, enviado direto de Carlos V, a torturar o *tlatoani*, queimando-lhe as mãos e os pés com azeite para que revelasse onde estava o tesouro. Cortez consentiu com essa violência, mesmo tendo prometido o contrário. Cuautemoc então confessou que dez dias antes de sua prisão lançara vários objetos de valor na lagoa e algumas poucas peças puderam ser resgatadas.

Desiludidos com a parte que lhes coube, os demais conquistadores pediram mais ouro a Cortez. Queriam, inclusive, um tanto do que tinha sido tirado recentemente da água. Cortez fez promessas, mas não as cumpriu. Ameaças a carvão foram escritas então nos muros de sua residência em Coioacán (um povoado vizinho que viria a ser parte da Cidade do México): "Assim como o curso do sol, da lua e do mar que apresentam um começo e um fim, a cobiça de Cortez também terá".

Para apaziguá-los e, ao mesmo tempo, manter seu poder na região conquistada Cortez decidiu simplesmente manter a estrutura administrativa da Confederação Mexica, mas agora sob seu controle pessoal. Dessa maneira, poderia cobrar, sem maiores dificuldades, os mesmos tributos que já eram cobrados anteriormente por Tenochtitlán em todo o vale do México. Por isso, comandou obras de recuperação, começando por refazer o sistema de abastecimento de água potável que vinha da fonte de Chapultepec.

Porém, a Cidade do México, como Tenochtitlán passou a ser chamada pelos espanhóis, não era igual à antiga. Seu centro foi ocupado por igrejas católicas e casas com arquitetura europeia. Enquanto isso, os antigos habitantes tiveram que se estabelecer na periferia, em bairros mais simples e humildes, como Xochimilco, por exemplo. Dessa maneira, ficava evidente quem eram os novos donos da terra.

REFLEXÕES SOBRE A CONQUISTA

A conquista de Tenochtitlán liderada por Hernán Cortez é um dos episódios mais estudados e discutidos da história da América pré-colonial. A maior questão certamente sempre foi compreender como um pequeno número de espanhóis foi capaz de tomar uma enorme cidade, poderosa, temida e que contava com milhares de guerreiros indígenas.

A diferença tecnológica dos armamentos pode ser visualizada em uma representação da luta, em que homens com armaduras e armas de fogo enfrentam índios com plumas e lanças. Atualmente, a questão da supremacia técnica dos espanhóis tem sido relativizada pelos estudiosos. [Detalhe do *Códice indígena*.]

A principal fonte de informações dos historiadores sobre a queda de Tenochtitlán é a correspondência de Cortez endereçada ao imperador Carlos V, as chamadas *Cartas de Relação*. Obviamente, elas não podem ser tomadas como verdades absolutas, pois além de representarem um ponto de vista particular e interessado, foram escritas com determinados objetivos, distintos daqueles que procuram explicar o passado para entender o presente. O próprio fato de ter o rei como interlocutor fez com que Cortez selecionasse com cuidado o que e como narrar a respeito do episódio. Essa seleção também foi pautada pelo resultado da empreitada que, do ponto de vista do rei, que esperava muito ouro, talvez fosse decepcionante. Tratava-se, portanto, de relatórios oficiais cujo objetivo principal era conquistar a confiança do monarca.

As cartas do capitão seguiam uma estrutura narrativa comum aos documentos desse tipo na época, a das chamadas *probanzas* ("provas de méritos") que informavam o rei sobre ações realizadas em terras distantes para, com isso, fazer jus a recompensas sob a forma de cargos, títulos e favores pessoais. Por isso, a narrativa de Cortez está cheia de cenas maravilhosas, exageradas ou improváveis. A conclusão é: poucos homens só venceram milhares de índios "cruéis" por serem pessoas capazes de se comportar de modo atípico e sensacional.

Não só para Cortez, como também para os demais conquistadores cronistas espanhóis, a razão da vitória sobre os mexicas era muito clara: haviam triunfado porque eram cristãos e seguiam o único e verdadeiro Deus. A guerra de conquista foi uma guerra religiosa em que Deus venceu o demônio adorado pelos indígenas. Além disso, os espanhóis atribuíam seu triunfo à superioridade da cultura europeia sobre a mesoamericana. Eles eram pessoas mais racionais do que os indígenas, tinham mais conhecimentos e costumes melhores e, por isso, mereciam dominar os mexicas.

Desde então, os historiadores ocidentais conservaram, de alguma forma, essa perspectiva de superioridade europeia frente aos índios. No século XIX, o discurso da superioridade europeia ganhou novos tons. No século XVI, a Igreja; no XIX, a ciência. Surgiram explicações que destacavam a superioridade tecnológica dos espanhóis, com suas armas de ferro, canhões, pólvora e estratégias inteligentes de guerra, enquanto os índios eram descritos como de raça inferior, bárbaros, atrasados e fracos com suas armas de madeira e coletes de algodão.

A explicação centrada na supremacia técnica dos espanhóis foi uma das mais divulgadas. No entanto, é preciso relativizá-la. Ela surgiu no contexto neocolonialista em que a Europa se via como tecnicamente superior ao resto do mundo, superioridade esta explicada por uma suposta biologia privilegiada. O fato é que as armas europeias não funcionavam de modo tão eficiente como se fez crer: a pólvora molhava com facilidade, tornando-se inútil; os canhões eram pesados, difíceis de transportar e os tiros deveriam ser preparados na hora, fazendo com que, muitas vezes, os soldados fossem surpreendidos por uma chuva de flechas antes de fazerem qualquer disparo. Do mesmo modo, as armas indígenas não eram tão rudimentares como divulgado: as pedras lançadas com velocidade e precisão chegavam a quebrar os ossos do inimigo e podiam mesmo matar; as flechas atiradas em quantidade e com destreza eram o pesadelo dos espanhóis. Também é razoável pensar que os índios, depois de tanto tempo guerreando, tenham aprendido a usar as armas espanholas e que os espanhóis empregaram técnicas e estratégias

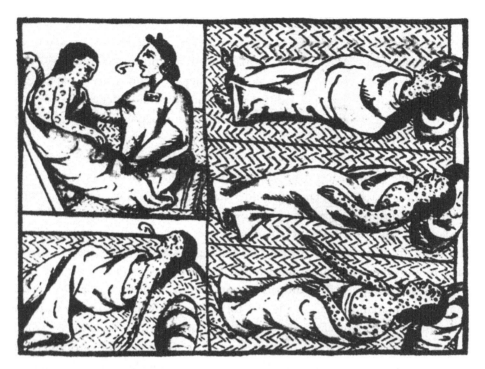

As doenças trazidas pelos espanhóis, como varíola e gripe, causaram a morte de centenas de índios e foram importantes no processo da conquista. No entanto, não podem ser apontadas como a única causa da derrota dos mexicas. [*Epidemia de varíola*, detalhe do *Códice florentino* (século XVI), Bernardino de Sahagún.]

indígenas a fim de se adaptar à realidade americana. Mas, mesmo com essas considerações, a versão da superioridade técnica dos conquistadores prevalece.

Outras explicações surgiram no século XX, como a que remete o triunfo espanhol não à intervenção divina ou à tecnologia superior, mas sim à capacidade de usar a comunicação como arma de conquista, já que Cortez valia-se dos intérpretes para obter não só informações concretas sobre os mexicas, mas também para saber a respeito de suas crenças e tradições. Tais conhecimentos foram fundamentais para o domínio espanhol. Nessa linha interpretativa, a comunicação dos espanhóis seria uma vantagem sobre os índios, que confiavam mais em presságios e revelações dos sacerdotes – que diziam que os conquistadores eram deuses invencíveis – do que nas provas reais do que estava acontecendo.

Alguns estudiosos alegam que a tradição guerreira dos mexicas era desvantajosa diante da forma de combater dos espanhóis. Os índios estariam acostumados à chamada "guerra florida", feita com dia marcado e em local específico, com o objetivo de capturar guerreiros inimigos para serem sacrificados. Enquanto os europeus desenvolviam a "guerra de massacre" com intuito de eliminar o inimigo rapidamente, utilizando emboscadas e ataques surpresas. Essa explicação também é equivocada já que é difícil pensar que os índios, depois do contato com os europeus, tenham ficado congelados no tempo, presos às suas tradições de guerra sem se adaptar à nova situação de conflito.

Outros pesquisadores apontam o efeito das doenças recém-chegadas ao universo ameríndio como o responsável pela vitória dos conquistadores. Para eles, a varíola e a gripe foram as grandes armas espanholas, na medida em que os índios não tinham anticorpos para essas doenças. Isso é fato, mas também é verdade que os europeus sofreram igualmente com as doenças adquiridas no contato com os nativos e nas incursões feitas pelas selvas. Sífilis, febre amarela, calor intenso, cobras e outros animais mataram muitos europeus.

Todas essas explicações compartilharam de um mesmo pressuposto: os espanhóis triunfaram porque, de alguma forma, eram superiores aos mexicas e a conquista foi, portanto, algo inevitável. É claro que não se pode negar o grande potencial dos canhões, das doenças ou dos intérpretes, mas o problema é atribuir toda a conquista comandada por Cortez a este ou àquele fator isoladamente. Quando isso é feito, o domínio europeu passa a ser justificado como um passo necessário na evolução do continente americano e, muitas vezes, do mundo.

Assim, uma forma mais interessante de tentar entender a hegemonia espanhola é levar em conta, claro, a influência das armas, o peso das doenças e o papel das mensagens transmitidas, mas também considerar a realidade das relações estabelecidas entre os próprios nativos.

Normalmente o episódio da conquista espanhola é resumido ao enfrentamento entre índios e espanhóis, quando, na verdade, houve vários povos indígenas que apoiaram os europeus, como os totonacas, os tlascaltecas e, mais adiante, os cholultecas. Esses povos, com toda razão, se consideravam parte dos conquistadores, dos vitoriosos. Se Cortez aproveitou-se da cisão do mundo indígena, os líderes indígenas aliados aproveitaram-se das ambições de Cortez para livrar-se de seu maior inimigo até então, a Confederação Mexica. Portanto, no dia 13 de agosto de 1521, os únicos vencidos foram os mexicas, e não *todos* os povos indígenas da Mesoamérica.

Os mexicas baseavam seu domínio em forças militares que lhes permitiam amedrontar os vizinhos e cobrar-lhes tributos. Essa forma de dominação, por outro lado, tornava-os vulneráveis diante de qualquer outro povo com boa capacidade bélica que pudesse enfrentá-los. O desejo de liberdade dos povos dominados pela Confederação Mexica fazia com que houvesse entre eles uma expectativa da chegada de um novo poder que derrotasse os astecas. Por isso se pode dizer que a queda de Tenochtitlán foi consequência de uma rebelião de povos indígenas mesoamericanos contra o poder mexica, encabeçada por um pequeno grupo de espanhóis.

As principais causas da conquista do México, portanto, não devem ser buscadas apenas na ação dos europeus, mas também na lógica do mundo indígena e dentro da história da América pré-hispânica, com seus dilemas próprios. Ao deixar isso claro, é possível concluir que o triunfo espanhol se deveu à imensa capacidade de Hernán Cortez e seus soldados de estabelecerem alianças com os povos que eram rivais de Tenochtitlán. Cortez foi talentoso o suficiente para reconhecer essa oportunidade e hábil na medida certa para, com a ajuda de intérpretes, articular politicamente a seu favor os interesses dos líderes locais contrários a Tenochtitlán.

A conquista de Tenochtitlán foi a "conquista do México" apenas no sentido de que, como a capital da Confederação Mexica dominava muitas outras sociedades índias, sua derrota permitiu aos espanhóis submeter também todos os outros povos subjugados por ela. Com tal poder, os espanhóis foram capazes de comandar os antigos inimigos dos astecas.

Por outro lado, a conquista também não pode ser vista como o enfrentamento dos "malvados" espanhóis contra os "bondosos" indígenas, como fizeram certas interpretações autointituladas "de esquerda", pois, nessa guerra, ambos os lados cometeram atrocidades. A Mesoamérica já era violenta e injusta muito antes da chegada espanhola em 1519. A desigualdade social e o massacre de seres humanos não foram novidades trazidas da Europa. E, mesmo no momento da guerra propriamente dita contra os astecas, além dos espanhóis, os totonacas, os tlascaltecas e vários outros nativos envolvidos foram capazes de atos de crueldade contra os habitantes de Tenochtitlán, muitas vezes como vingança por ofensas passadas.

Porém, mesmo que os índios não sejam mais vistos como vítimas passivas, ou a Mesoamérica como uma região de veias abertas, pronta para ser violada e explorada por outras potências, é inegável que Cortez foi um dos principais atores da implantação da América colonial espanhola. Suas escolhas e suas ações foram de grande relevância, não só para a derrota final dos astecas, mas também para a consolidação da conquista. Não pode ser esquecido que, após vencer a guerra, esse homem ordenou o levantamento da cidade e assentou as bases da organização política que permitiu a implantação da língua, da religião e da agricultura espanholas na região.

MAR DO SUL E NOVAS CONQUISTAS

Quatro meses depois do fim dos combates, a Cidade do México – sob o controle espanhol – já estava parcialmente em pé. Começavam a ser nomeados os primeiros funcionários e juízes espanhóis, que, em pouco tempo, estabeleceriam as diretrizes do México colonial, batizado pelo próprio Hernán Cortez de Nova Espanha.

Cortez, entretanto, queria expandir ainda mais seus domínios territoriais. Nesse momento, cobiçava particularmente os territórios do Mar do Sul, no atual litoral mexicano banhado pelo oceano Pacífico. Além de adquirir o controle sobre novas terras, seu plano previa a possibilidade de encontrar um caminho que conectasse pelo Pacífico o Ocidente ao Oriente, um antigo sonho espanhol que, ao se realizar, poderia fazê-lo ainda mais poderoso.

Reorganizar seus homens, partir para uma nova empreitada militar e continuar o avanço espanhol na América era também uma forma de manter os soldados ocupados e evitar que se rebelassem abertamente contra seu capitão, principalmente por causa dos problemas ocorridos durante a distribuição do butim da cidade asteca. Cortez continuava a acenar com "riqueza e glória" para quem o seguisse.

Sem ter para onde ir, muitos homens depositaram suas últimas esperanças nas novas promessas de Cortez. Uma nova campanha militar então foi iniciada para incorporar novos povoados indígenas aos suseranos espanhóis. Agora, os nativos atacados ofereceriam bem menos resistência, pois a força dos estrangeiros somada à de seus aliados indígenas já era bem conhecida.

NOTAS

[1] "Ordenanzas militares mandadas pregonar por Hernando Cortés en Tlaxcal, al tiempo de partirse para poner cerco a México", em *Documentos Cortesianos*, México, FCE, 1992, p.164.

[2] Idem, p. 166.

[3] Idem, p. 165.

[4] Levando ao limite esse raciocínio, alguns historiadores inverteram a lógica da conquista espanhola e viram os índios que se opunham aos mexicas, como os tlascaltecas, usar Cortez, seus homens, armas e cavalos de acordo com seus interesses particulares de acabar com o domínio de Tenochtitlán no vale do México.

[5] Hernán Cortés, *Cartas de Relación*, Madrid, Dastin, 2007, p. 222.

[6] Bernal Díaz del Castillo, *Historia verdadera de la conquista de la Nueva España*, México, Porrúa, 2007, p. 367.

[7] Idem, p. 361.

[8] Idem, p. 363.

[9] Hernán Cortés, op. cit., p. 284.

OUTRAS CAMPANHAS, NOVOS PROBLEMAS

APÓS A DERROTA ASTECA

Sob o domínio espanhol, a Cidade do México ficou bem maior que a antiga Tenochtitlán. Com isso, Cortez pôde se afastar da parte central da cidade, preferindo habitar em Coioacán, de onde ditava suas ordens. Para ele, viver nesse local era mais seguro, pois sua presença no antigo centro político e religioso dos astecas poderia reavivar ressentimentos e estimular manifestações de resistência contra ele, o novo dono do poder.

Para novas conquistas eram necessários novos ataques. Cortez indicou um soldado de sua confiança, Gonçalo de Sandoval, para liderar tropas na invasão e "pacificação" das localidades de Huatusco, Tuxtepec e Oaxaca. Bem-sucedido na missão, tendo inclusive fundando a vila de Medelim (nomeada em homenagem à terra natal de Cortez), Sandoval teve o aval do capitão para conquistar a região de Tabasco.

Também por ordens de Cortez, em fevereiro de 1522, Pedro de Alvarado pacificou a região de Tututepec, após comandar um grande massacre de nativos locais de quem roubou uma quantidade significativa de ouro e prata.

Em todas essas ações ordenadas em última instância por Cortez, é possível perceber o interesse do capitão no descobrimento de um possível estreito que pudesse levá-lo diretamente às terras do Oriente. Estimulado pelas cartas e promessas de Cortez, Carlos V deu seu aval para as expedições com esse objetivo e aguardava ansioso por uma resposta positiva de seu vassalo.

MICHOACÁN

Michoacán, localizada ao sul da Cidade do México, na região do Mar do Sul, passou a fazer parte do horizonte dos conquistadores espanhóis logo após a derrota dos astecas. Cortez fora informado a respeito de sua existência ainda na época em que os espanhóis cercavam Tenochtitlán e sofriam com a falta de gêneros alimentícios. O soldado Parillas, designado para buscar mantimentos, acabou estabelecendo contato com michoatecas (também chamados de tarascos). Ao voltar a Tenochtitlán, Parillas trazia um pouco de milho e alguns perus obtidos entre esses índios, mas também informações sobre a existência de ouro e pedras preciosas na cidade de Tzintzuntzan, a capital da província de Michoacán.

Outras visitas pacíficas se seguiram até que, em julho de 1522, Cortez decidiu apossar-se daquelas terras. Para isso, enviou um de seus homens de confiança, Cristóvão de Olid, no comando de 70 cavaleiros e aproximadamente 200 soldados devidamente armados. Como seu capitão havia feito em Tenochtitlán, Olid chegou a Michoacán dizendo vir em paz, apenas em busca de pouso, água e comida para seus homens. Os michoatecas, provavelmente sabendo o que havia ocorrido com os mexicas, desconfiaram de Olid. Para ganhar tempo, enquanto se preparavam para um possível conflito, presentearam Olid com roupas, plumas, mantas e máscaras artesanais. O espanhol, então, destruiu os presentes, afirmando que seu único interesse na região era o ouro. Foi a deixa para que os soldados invadissem e destruíssem casas e templos em busca do metal, de joias e de pedras preciosas. Depois de passar alguns dias saqueando Michoacán, os espanhóis enrolaram o tesouro roubado em mais de cem trouxas de pano, para que fosse transportado até o México e entregue a Cortez.

Os enviados de Olid chegaram a Coioacán acompanhados de alguns carregadores michoatecas. Cortez, satisfeito com as boas-novas, aproveitou a ocasião para demonstrar poder diante dos michoatecas, fazendo com que fossem levados para ver os estragos causados pelos espanhóis à capital mexica.

Olid, que permanecia em Michoacán, exigia dos índios tantos carregamentos de ouro que eles chegaram a pensar que os espanhóis comiam o metal. Junto com um novo carregamento que enviou a Cortez, Olid mandou também Zinzicha, o líder de Michoacán. No México, Zinzicha foi levado para ver Cuautemoc, ex-líder asteca torturado pelos soldados espanhóis. Era um recado claro para que os michoatecas desistissem de organizar qualquer resistência.

De fato, a conquista da capital da antiga Confederação Mexica facilitou a conquista de outras terras, pois fez com que os nativos temessem os espanhóis a ponto de resistir menos aos invasores do que poderiam, dada sua capacidade militar. Diante da fama violenta dos espanhóis, os índios preferiam se submeter a fim de, pelo menos, manter suas cidades intactas e seus habitantes vivos.

Cristóvão de Olid tornou-se senhor de Michoacán (subordinado a Cortez e, acima de tudo, ao rei da Espanha) sem ter tido que enfrentar grandes batalhas. Esse novo domínio logo passou a receber funcionários administrativos espanhóis e padres evangelizadores. Os índios tornaram-se súditos da Coroa espanhola e foram usados como mão de obra nas plantações dos conquistadores.

O TESOURO DE CARLOS V

Em julho de 1522, Cortez enviou ao monarca uma de suas cartas, contando suas proezas. Juntamente com a epístola, mandou um carregamento de joias, ouro e pedras preciosas (jade e turquesa entre outras), além de artesanatos indígenas variados (como máscaras, vasos, figuras de animais e flores, objetos feitos de plumas).

Segundo Cortez, esses tesouros correspondiam ao quinto real, ou seja, a 20% de todo o ouro extraído na América e que era de direito do rei. A quantia recolhida fazia referência ao período de setembro de 1521 a maio de 1522, sendo que só de ouro havia aproximadamente dez mil quilos.

Nos mesmos navios que transportavam os tesouros do rei, Cortez também embarcou presentes para funcionários da corte, nobres, igrejas e monastérios na

Espanha. Ao todo eram três embarcações, que saíram de Vera Cruz em direção à Espanha, comandadas pelos capitães Antonio de Quinhones e Alonso de Ávila, os procuradores de Cortez. Na viagem, retornava à corte espanhola o tesoureiro real Julião de Alderete, que havia sido enviado por Carlos V para conferir os espólios de guerra e a arrecadação de ouro na América.

Entretanto, apenas um dos navios chegaria à Espanha. Sem proteção, as embarcações foram abordadas por corsários franceses, liderados por Jean Fleury, nas proximidades do arquipélago dos Açores. Fleury capturou dois dos navios e, mais tarde, chegou à França muito rico e com presentes da Nova Espanha para o rei Francisco I.

Esse foi apenas um dos percalços da atribulada viagem das embarcações espanholas. Logo no início do trajeto, Julião de Alderete faleceu, provavelmente vítima de envenenamento ainda em Vera Cruz (alguns acreditam que o veneno foi colocado no jantar de Alderete a mando do próprio Cortez, que queria livrar-se do fiscal do rei). Antonio de Quinhones, após envolver-se com uma mulher em uma das ilhas do Atlântico, arrumou brigas e acabou morrendo esfaqueado. Um dos tigres[1] levados da América à Espanha se soltou, mordeu vários marinheiros e, por isso, teve que ser morto. Alonso de Ávila foi aprisionado pelos corsários franceses e levado à França com os navios roubados.

O navio Santa Maria de La Rábida, entretanto, conseguiu escapar dos corsários e se refugiar numa ilha também chamada Santa Maria, nos Açores. Dessa ilha, os espanhóis conseguiram mandar um pedido de auxílio a Sevilha, que enviou dois navios comandados por Pedro Manrique para resgatar o Santa Maria de La Rábida. Com isso, parte do tesouro americano enviado por Cortez, apenas algumas poucas joias, chegou à Espanha juntamente com uma carta com as últimas façanhas do conquistador.

O MISTÉRIO SOBRE A ESPOSA DE CORTEZ

Em agosto de 1522, Cortez recebeu uma visita inesperada. Chegou ao México, vinda de Cuba, dona Catalina Soares, esposa do capitão. Com ela vinham seu irmão, sua avó e algumas outras mulheres.

Não se sabe os reais motivos que fizeram Catalina Soares retomar o contato com o marido após quase três anos sem vê-lo. As notícias sobre o enriquecimento de Cortez espalhavam-se na Europa e não é impossível que a família da esposa do explorador estivesse buscando reaproximar-se desse homem, agora muito poderoso.

Fachada da casa de Cortez em Coioacán, onde o capitão espanhol teria supostamente assassinado sua esposa Catalina Soares. [Foto do autor, 2007.]

Catalina, entretanto, morreu no dia 1º de novembro em Coioacán, pouco tempo depois de encontrar o marido. A causa da morte não ficou clara, alimentando boatos de que teria sido assassinada por Cortez.

Anos depois, quando Cortez respondia a um processo aberto pelo Conselho das Índias, várias pessoas testemunharam que ele a afogara após uma briga decorrente do ciúme de Catalina ao saber da existência do filho do capitão com a índia Malinche, chamado Martim Cortez (também conhecido como "O Mestiço").

Catalina não tinha filhos de Cortez, o que, nessa época, implicava dois problemas. Em primeiro lugar, ela perdia *status*, já que não havia cumprido o papel esperado

138   Hernán Cortez, civilizador ou genocida?

de uma esposa dando um herdeiro ao marido. Em segundo lugar, caso Catalina viesse a engravidar, seu filho não seria mais o único herdeiro direto de Cortez, que havia colocado o filho de Malinche como seu beneficiário no testamento.

A morte de Catalina nunca foi esclarecida.

O RECONHECIMENTO REAL

Após tanto tempo na América envolvido em batalhas em nome da Coroa, Cortez aguardava uma recompensa real pelos seus esforços. Depois de enviar diversas cartas à Espanha, por intermédio de procuradores e mensageiros, e de contar com o empenho de seu pai junto à corte espanhola, finalmente ele obteve o reconhecimento oficial da parte de Carlos v. Recebeu, em maio de 1523, uma cédula assinada pelo imperador datada de 15 de outubro de 1522, admitindo os feitos de Cortez, justificando os seus atos e nomeando-lhe governador, capitão-geral, capitão da justiça e administrador de índios da Nova Espanha. Como governador, Cortez tinha o poder de administrar o México e todas as províncias que eram terras antes governadas pela antiga Tenochtitlán. O cargo de capitão-geral fazia de Cortez o responsável pela segurança, pelos soldados e pelas futuras expedições de conquista. Sendo ainda capitão da justiça, Cortez deveria manter a ordem e, naturalmente, decidir sobre os direitos e deveres na região. Como administrador de índios, ele era responsável pela distribuição dos indígenas que iriam servir de mão de obra para os espanhóis. Cortez se tornou, assim, oficialmente o senhor do México.

O documento afirmava: "nossa vontade é que agora e daqui em diante, até que ordenemos cumprir outra coisa, e sem qualquer prejuízo de direitos ao governador Diego Velásquez, o dito Hernán Cortez seja nosso governador e capitão-geral de toda a terra e províncias da dita Nova Espanha".[2] Carlos v concedeu poderes diretamente a Cortez, mas também deixou claro que o governador de Cuba, antigo adversário político do capitão, não seria prejudicado.

Essa foi mais uma etapa de uma disputa que começara em 1518, quando Cortez partiu em direção à parte continental da América, com seu exército, ignorando as proibições de Velásquez. A partir dessa data, Cortez teve que se esforçar muito para mostrar que não era um traidor, como afirmava Velásquez, mas sim um fiel e heroico súdito da Coroa espanhola e um verdadeiro cristão. Velásquez, por sua vez, tentou, de todos os modos, impedir o sucesso de Cortez,

Cortez retratado de modo pomposo, condizente com alguém coberto de glórias após obter o reconhecimento real por seus feitos na América. [*Hernán Cortés*, in *Historia de la conquista de México* (1684), Antonio de Solís.]

não só na base da violência, mas também por meio de conchavos burocráticos. O governador de Cuba, por exemplo, era aliado do presidente do Conselho das Índias, o bispo Juan Rodrigues Fonseca, o que lhe dava um certo poder, já que o Conselho era um órgão administrativo na Espanha que cuidava de todos os assuntos referentes às colônias. Em troca do apoio, Velásquez concedeu ao bispo lotes de terras na ilha de Cuba onde um grupo de indígenas cativos extraía o ouro que era enviado diretamente ao presidente do Conselho das Índias. Além disso, Velásquez havia se casado com a sobrinha de Juan Rodrigues Fonseca, a senhora Petronilha Fonseca. Esses vínculos favoreceram Velásquez e, consequentemente, indispuseram o Conselho com Cortez até que, finalmente, Cortez foi legitimado por Carlos V.

Mesmo estando acima de todos, Carlos V teve dificuldades em tomar a decisão que favoreceu Cortez. Na Europa, recebera diversas denúncias de um contra o outro. Formou então um conselho específico para decidir a questão. Durante cinco dias, as queixas de ambas as partes foram ouvidas e os procuradores de Cortez e Velásquez puderam falar tudo o que haviam sido instruídos a dizer a respeito. Depois disso, o monarca espanhol foi aconselhado a reconhecer os méritos de Cortez, nomeando-lhe governador-geral da Nova Espanha. No entanto, as acusações de Velásquez ficaram registradas.

Além do documento específico sobre sua nomeação, Cortez recebeu mais quatro. Esses cinco documentos assinados por Carlos V formavam uma unidade e instauravam o primeiro governo na Nova Espanha. No governo, Cortez teria ampla liberdade para nomear ou demitir funcionários, tomar posse de novas terras e repartir a mão de obra dos índios aprisionados entre os demais conquistadores ou entre os primeiros agricultores espanhóis a chegar à colônia. O poder concedido a Cortez era praticamente sem limites, a não ser pela ação de alguns oficiais reais responsáveis por zelar pelos interesses fiscais da Coroa.

O último dos cinco documentos falava a respeito do modo como os indígenas deveriam ser tratados. Com relação à obrigatória conversão dos nativos ao catolicismo e o consequente abandono das antigas crenças, o texto ordenava que os índios mais velhos e os sacerdotes indígenas fossem os primeiros "levados a conhecer as palavras de Cristo", pois seriam facilmente seguidos pelos demais. Os sacrifícios e o canibalismo eram abominados pelas instruções reais que, por falta de conhecimento, sugeriam a Cortez que não deixasse faltar carne de porco para que os índios não tivessem a necessidade de sacrificar seus semelhantes para comê-los. E, finalmente, o documento determinava que os astecas fossem tratados com liberdade, para que não sofressem ou morressem como escravos do mesmo modo que os índios de Cuba ou São Domingos. Porém esse item nunca foi cumprido por Cortez, que, aliás, já havia começado a dividir os índios em grupos para que trabalhassem à força para os espanhóis na agricultura.

Mais tarde, Cortez escreveria a Carlos V para justificar essa desobediência, explicando-lhe que era importante ter o controle sobre os índios e contando como eles eram usados para agradar os conquistadores e os povoadores recém-chegados à Nova Espanha, pois os espanhóis não tinham outras formas de obter gêneros alimentícios, nem de se sustentar senão pelo trabalho dos índios.

Por escrito, ainda naquela correspondência de cinco documentos, o rei autorizou Cortez a explorar a região do Mar do Sul com o objetivo último de que a comunicação entre o Oriente e o Ocidente pudesse ser finalmente estabelecida, a partir de algum ponto qualquer da América.

A NOVA ESPANHA: PRIMEIROS MOMENTOS

Por essa época, a Nova Espanha contava com uma organização política e jurídica incipiente e, portanto, bastante rudimentar, mesmo porque as fronteiras políticas e geográficas ainda eram um tanto indefinidas.

A primeira ata do *cabildo* (Câmara Municipal) da Cidade do México foi escrita em março de 1524, sendo um parente de Cortez, Francisco de Las Casas, nomeado alcaide ordinário, que era o cargo máximo de um município. Os quatro primeiros oficiais da realeza responsáveis por receber e supervisionar as rendas imperiais já haviam chegado de Castela e começado a atuar. E o padre Bartolomeu de Olmedo, que acompanhara Cortez desde o início da conquista, responsabilizava-se por cuidar dos interesses da Igreja.

Cortez, ao mesmo tempo em que se ocupava de novas campanhas e conquistas menores, encarregava-se de inspecionar e garantir a segurança da cidade, desenvolver a mineração e a agricultura, solicitar mais padres para evangelização dos indígenas, dar ordens aos povoados vizinhos e assegurar o envio do quinto real à Espanha.

No entanto, o capitão espanhol desfrutaria pouco desse poder administrativo que lhe foi atribuído pelo monarca. Exerceu de fato o cargo de governador-geral da Nova Espanha apenas por um ano e cinco meses, até embarcar para mais uma aventura de conquista. No mesmo ano de regresso à Cidade do México, seria oficialmente destituído do cargo.

A CONQUISTA ESPIRITUAL DOS ÍNDIOS

Em 1523 chegou ao México uma missão liderada pelo religioso Pedro de Gante com o objetivo de auxiliar o padre Bartolomeu de Olmedo no projeto

Altar católico construído com restos de madeira e pedras de templos indígenas, que hoje se encontra exposto no Museu Nacional de Antropologia do México. [Foto do autor, 2007.]

de conversão dos indígenas. Ainda assim o número de padres era pequeno para tarefa de tal magnitude tanto que, um ano depois, Cortez escreveu à Espanha solicitando o envio de mais religiosos para a região.

Hernán Cortez pediu que viessem franciscanos, pois, de acordo com ele, essa ordem religiosa, que valorizava o voto de pobreza, não seria uma ameaça à administração do México e nem um obstáculo para o acúmulo de fortuna por parte da Coroa, já que os frades não gastariam inúmeras riquezas na construção de luxuosas igrejas.

O pedido foi atendido. Em 13 de maio de 1524, chegaram ao México 12 franciscanos liderados por Martim de Valencia. O número 12 foi visto pelos cronistas como uma alusão aos 12 apóstolos de Cristo, que teriam começado a difundir o cristianismo pelo mundo, conferindo um significado especial à chegada daqueles religiosos à América. Cortez foi recebê-los pessoalmente. Diante deles, ajoelhou-se e beijou-lhes o hábito. Com isso, mostrou a Cuautemoc e aos demais indígenas que acompanhavam a cena que os padres deveriam ser respeitados e temidos.

Os primeiros momentos da evangelização foram marcados por um grande otimismo dos padres, que acreditavam que os índios, agora pacificados, estariam bastante propensos a se tornarem cristãos. Para transformar os índios em bons católicos, lançaram mão de representações teatrais didáticas e de batismos em massa. Porém, em pouco tempo, os franciscanos perceberam que os índios mantinham seus antigos ritos, explicitamente ou em segredo. Seriam necessários alguns séculos para que o México pudesse ser identificado como uma terra constituída por maioria católica.

A EXPEDIÇÃO PARA HONDURAS

Cortez não se limitou às funções burocráticas a ele atribuídas como governador. É plausível pensar que uma de suas ambições era nada menos que se transformar no maior conquistador de todos. Para isso, segundo seu ponto de vista, não bastava ter derrotado os mexicas, precisava superar os feitos de Colombo (e os de Vasco da Gama) e ligar a Europa à Ásia por meio da América.

Munido de algumas informações a respeito do Cabo das Hibueras (no atual território de Honduras), enviou para lá uma expedição comandada por Cristóvão de Olid, em janeiro de 1524, com ordens de explorar o litoral, encontrar a comunicação com o Oriente, povoar a terra e achar um porto para ali se estabelecer. Em sua opinião e na de vários pilotos, era justamente ali que se poderia encontrar o estreito de ligação entre os oceanos Atlântico e Pacífico. Porém, passados alguns meses, Cortez recebeu notícias de que Cristóvão de Olid, que já se encontrava em território hondurenho, havia se unido ao incansável governador de Cuba, Diego Velásquez, para juntos dominarem aquelas novas terras, contrariando os seus interesses.

O capitão, então, enviou cinco navios bem armados para capturar Olid. No povoado de Naco, Olid foi preso pelos homens de Cortez, recebeu algumas facadas e terminou degolado diante de todos.

Irritado com a persistência de Diego Velásquez em atrapalhar seus planos, Cortez decidiu se dirigir a Honduras para garantir pessoalmente seus interesses na região, mesmo correndo o risco de abandonar a Cidade do México a uma possível rebelião indígena animada por sua ausência.

Na comitiva que o acompanhou nessa empreitada, estavam Cuautemoc, Malinche, o leal Gonçalo de Sandoval além de médicos, camareiros, músicos, mordomos e alguns padres. Junto com os soldados espanhóis dessa nova expedição de conquista, iam cerca de dois mil índios aliados. De Vera Cruz, saíram navios de apoio carregados com armas e alimentos. Alonso de Zuazo foi deixado na Cidade do México para atuar como governador-geral no lugar de Cortez.

O conquistador e seus homens partiram do México no dia 12 de outubro de 1524. No caminho, sem que se saiba exatamente o motivo, foi celebrado o casamento de Malinche com o soldado Juan Jaramillo.

Marcharam até Coatzacoalcos, também conhecida como Vila de Espírito Santo, onde acamparam por seis dias. Nessa ocasião, Cortez teve notícias de que alguns desentendimentos começavam a ocorrer no México, entre os espanhóis mais graduados que haviam ficado. Mesmo assim, o capitão decidiu prosseguir.

O percurso até Honduras apresentava enormes dificuldades. Era pouco conhecido pelos índios aliados que participavam da expedição e repleto de rios de todos os tamanhos e profundidades variadas, quedas d'água, desfiladeiros, montanhas e matas fechadas. Bernal Dias escreveu:

> Não achávamos caminho algum e abríamos as matas com as espadas e com as mãos e andávamos já fazia dois dias pelo caminho aberto por nós, com grande fome, mas era melhor que não voltássemos porque aí sim morreríamos de fome. Outro problema eram as matas muito altas a ponto de não enxergarmos o céu e mesmo subindo em árvores não víamos coisa alguma, pois muito fechadas eram as montanhas.[3]

Para se deslocar de um povoado a outro tinham que atravessar elevações, nadar ou construir pontes, correndo o risco de molhar os víveres e a pólvora. Os habitantes dos vilarejos ao longo do caminho, ao perceberem a aproximação dos espanhóis, abandonavam os povoados, queimavam casas e fugiam, fazendo com que a expedição de Cortez passasse vários dias com fome e sem abrigo, já que andava muitos quilômetros e não encontrava nada além de ervas e raízes.

Em muitas ocasiões, os espanhóis se viram sujos e exaustos, sem água potável, incomodados com um calor intenso e infernizados pelos mosquitos. Era co-

Reprodução do tormento de Cuautemoc, figura central do quadro, na luz. Cortez, impiedoso, e os outros espanhóis encontram-se na parte menos iluminada da obra. [*Tormento de Cuautemoc* (século XIX), Leandro Izaguirre.]

mum que se perdessem, pois, como escreveria Cortez, "em toda aquela terra não se achava caminho para nenhuma parte, nem havia rastro de que uma só pessoa tivesse andado por aqui".[4] A construção de pontes que lhes permitissem cruzar os rios demandava tantos esforços que, em várias situações, os espanhóis esqueceram seus valores contrários ao trabalho braçal e labutaram lado a lado com os indígenas.

Ao atingirem o vilarejo de Acalan, próximo a Campeche, os homens de Cortez estavam tão famintos que não esperaram para sair assaltando o lugar em busca de mel, milho, galinhas e ovos. Saciaram a fome momentânea, mas teriam pela frente vários outros momentos de privação.

Diversas pessoas de sua comitiva pereceram durante essa viagem difícil e mal planejada. Mas não foram as únicas. A partir das crônicas, é possível calcular que aproximadamente duas mil pessoas tenham morrido, incluindo muitos aliados indígenas que, sem vestes apropriadas, sofriam com as mudanças de temperatura e passavam mais fome, porque, além de executarem os trabalhos mais pesados, eram sempre os últimos a receber comida.

Ainda nos arredores de Acalan, Cortez ouviu boatos de que alguns mexicas da expedição, incluindo Cuautemoc, tramavam matar todos os espanhóis,

Essa outra imagem relativa ao martírio de Cuautemoc reforça a concepção de que o episódio foi injusto e doloroso, além de um grande golpe em uma civilização outrora rica e gloriosa, a mexica. [*O martírio de Cuautemoc*, in *México através dos séculos – v.2 O vice-reinado* (1880), Vicente Riva Palacio.]

aproveitando que se encontravam debilitados pela viagem. O capitão agradeceu a Deus, mandou prender os supostos conspiradores e enforcou Cuautemoc ao lado de dois ex-caciques mexicas. Eles não foram interrogados previamente, mas receberam as bênçãos dos padres presentes, com tradução de Malinche.

O soldado cronista Bernal Dias de Castilho comentou o episódio: "esta morte que lhes deram foi muito injusta e isso pareceu ser algo muito ruim a todos que ali iam conosco".[5] De fato, a morte de Cuautemoc em vez de tranquilizar os espanhóis, gerou ainda mais tensão, já que os outros mexicas presentes poderiam reagir e vingar seu último grande líder. Poucos dias depois da morte de Cuautemoc, a expedição partiu de Acalan.

Após o trajeto terrível que atravessava os atuais territórios dos estados de Vera Cruz e Tabasco e a região sul de Campeche, a expedição marchou em direção à baía de Amatique, na Guatemala, para finalmente atingir Honduras. Para isso, teve que passar por território maia e sobreviver aos perigos da selva de Petén. Durante essa fase da viagem, Cortez demonstrou cansaço e revelou grande preocupação com um possível levante dos índios mexicas que o acompanhavam.

Ao chegar finalmente a Honduras, Cortez explorou a região e fundou dois portos, Burrios e Porto de Cortez. Criou também dois povoados, as vilas Trujillo e Nascimento de Nossa Senhora e, para cada uma delas, deixou instruções municipais sobre como deveria ser organizada a colonização da região. Esses dois pequenos povoados ficaram sob a responsabilidade administrativa de Fernando de Saavedra.

No entanto, o capitão estava fraco, doente e decepcionado com a aventura que lhe pareceu ao final um verdadeiro fracasso. Sem alimentos e recursos, não era possível continuar a exploração do local. Ironicamente, a maior preocupação de Cortez ao chegar a Honduras foi justamente voltar à Nova Espanha.

O retorno, como era de se esperar, também não foi fácil. Num primeiro momento, quatro navios partiram do porto de Trujillo, levando os espanhóis feridos, os cavalos e os padres restantes. Porém, a viagem foi acidentada, tendo havido, inclusive, o naufrágio de um navio e diversas mortes pelo caminho.

Em Honduras, Cortez recebeu péssimas notícias de Alonso de Zuazo, o governador da cidade mexicana durante sua ausência. O capitão ficou sabendo, por cartas (não se sabe exatamente como estas chegaram lá), que alguns funcionários enviados pela Coroa (oficiais reais) haviam tomado o poder de Zuazo no México, contrariando as determinações de Cortez que o havia deixado no posto.

Cortez quis regressar assim que soube da notícia, mas, com as chuvas fortes, várias de suas tentativas de retorno fracassaram. Quando o tempo melhorou, o capitão então conseguiu embarcar em uma esquadra composta por três navios e chegou ao México naquele mesmo ano de 1526. Os outros que quiseram voltar tiveram que percorrer o mesmo caminho da vinda e passar pelas mesmas dificuldades. Esse grupo chegou meses depois de Cortez não sem antes sofrer muitas perdas e diminuir consideravelmente de tamanho.

Antes de chegar, Cortez havia feito uma escala em Cuba e de lá escrevera uma carta à Cidade do México, avisando de seu retorno e deixando claro que tinha conhecimento de todos os problemas ocorridos durante sua longa ausência. Essa carta, mais do que um aviso de sua volta, foi uma ameaça aos insubordinados de que poderiam ser punidos assim que o capitão estivesse em casa.

O PODER DE CORTEZ NO MÉXICO

A decisão de ausentar-se do México por tanto tempo comprometeu o futuro de Cortez na América. Seu poder foi questionado e disputado, e sua imagem ficou abalada por associar-se ao abandono, à corrupção, ao descumprimento de determinações reais e à desordem em terras americanas.

Durante o afastamento de Cortez, Alonso de Zuazo disputou o governo do México com outros oficiais reais como Gonçalo de Salazar, Peralmides Quirino, assim como com o contador Rodrigo de Albornoz e com o tesoureiro Alonso de Estrada. Nesse período, ocorreram traições, calúnias e divulgação de informações falsas. Zuazo chegou a ser preso e levado para Cuba.

Os índios locais, ao ouvirem dizer que Cortez estava morto, organizaram um levante que teve que ser violentamente reprimido pelos colonizadores.

Não é difícil entender como a situação política na Nova Espanha chegou a esse ponto, pois, nessa época inicial do domínio espanhol na América, tudo era precário e improvisado. Nessa terra de grandes oportunidades para os espanhóis ambiciosos, um bom número de homens com pouca experiência administrativa, mas muita vontade de poder, lutava por espaços de mando e prestígio. A figura de Cortez representava um poder forte, centralizado e, sobretudo, legitimado pelo monarca. Assim, apesar das críticas que recebia por sua truculência, Cortez era a referência de governo tanto para a maior parte dos espanhóis na Nova Espanha quanto para os índios recém-dominados da antiga Tenochtitlán. Quando saiu temporariamente de cena, a situação mudou.

Imediatamente ao retornar, Cortez encontrou um ambiente mais tranquilo. A carta que o precedera parecia ter surtido efeito, acalmado os ânimos e avisado a todos que o governador de direito estava de volta para assumir seu posto.

Entretanto, o capitão não teve paz, pois vários dos envolvidos nas disputas políticas locais enviaram à corte espanhola cartas com denúncias contra Cortez e sua administração.

Os oficiais reais, Albornoz e Salazar, acusaram-no por escrito perante a Coroa de ter simplesmente abandonado o governo-geral do México. Outras queixas se seguiram dando conta de que ele escondia ouro, enviava moedas e demais riquezas roubadas para seu pai, subornava funcionários do Conselho das Índias, mantinha fortalezas secretas na América, construía navios no Mar do Sul para fugir rico para a França, estuprava índias e, o mais grave de tudo, colocava-se na América acima do poder da monarquia espanhola.

Diante dessa avalanche de acusações, o imperador Carlos v cogitou enviar para a Nova Espanha o filho de Cristóvão Colombo, o almirante Diego Colombo, para cortar a cabeça de Cortez. Mas, ao que tudo indica, o almirante não aceitou a proposta. Carlos v só desistiu de matar o capitão depois que o pai de Cortez entregou ao rei cartas escritas pelo filho contendo sua versão sobre os fatos.

A fim de recuperar seu prestígio junto ao rei, Cortez também enviou seu secretário, Juan de Ribera, à Espanha como seu representante. Ao chegar, Ribera tentou subornar o Conselho das Índias em favor do capitão. Porém, foi mal recebido pelos funcionários do Conselho, que, ao contrário do esperado, iniciaram um processo de investigação e avaliação das ações de Cortez na América chamado Julgamento de Residência. O juiz Luis Ponce de León encarregou-se do temível julgamento, enquanto Nuno de Gusmão foi nomeado pela Coroa espanhola governador de várias províncias no México, diminuindo com isso os poderes políticos de Cortez.

Ponce de León chegou ao México em 2 de julho de 1526, anunciando a todos que faria uma averiguação detalhada das ações de Cortez na Nova Espanha para saber se o capitão de fato cumprira as ordens do rei. Durante o processo, testemunhas seriam ouvidas e todos envolvidos nas ações de Cortez poderiam expor sua versão ao juiz. A documentação resultante seria enviada ao Conselho das Índias na Espanha para análise. O Conselho, então, daria a sentença, encerrando o julgamento. Averiguações como essa eram comuns ao término do mandato de qualquer funcionário da Coroa ou em situações envolvendo acusações graves, como era o caso de Cortez.

No entanto, o julgamento de Cortez teve que ser adiado, pois o juiz Luis Ponce de León foi acometido por fortes febres e faleceu antes de iniciar as investigações. Houve suspeitas de que ele havia sido envenenado a mando de Cortez, mas isso nunca seria provado.

Após a morte suspeita de Ponce de León, Marcos de Aguilar, um jurista, acabou assumindo a função de governador-geral na Cidade do México que antes cabia a Cortez, pois, diante de tantas denúncias, não pareceu conveniente à monarquia mantê-lo com muitos poderes.

Cortez ficou então apenas com os cargos de capitão-geral e de administrador de índios (ou seja, com o poder militar e o de repartir a mão de obra indígena entre os colonos). Assim, reduzia-se o poder de Cortez.

No período em que se ausentara da Cidade do México, Cortez teve bens saqueados, amigos maltratados, alguns companheiros assassinados. Pouco tempo depois de perder o cargo de governador-geral, Cortez perderia também o cargo de administrador de índios, ainda no ano de 1526 por ordens de Marcos de Aguilar.

Esses episódios em que Cortez é questionado e destituído mostram a força da Coroa espanhola exercida por meio de seu aparato burocrático. São também sintomas de um movimento iniciado pela monarquia para, depois de garantidas as conquistas, subtrair o protagonismo dos guerreiros conquistadores – que reivindicavam reconhecimento por seus feitos – e colocar em seus lugares funcionários, mais obedientes e menos exigentes. Os conquistadores, antes tão úteis, se transformavam agora em problema a ser resolvido, pois o interesse do Estado deveria necessariamente se sobrepor aos sonhos e aos anseios particulares de aventureiros como Cortez. Assim, ele começou a ser deixado para trás pela mesma monarquia que representara e para a qual havia conquistado vastos domínios.

ISOLAMENTO POLÍTICO DE CORTEZ

O capitão espanhol perdia aliados e ganhava inimigos que se esforçavam para que ele fosse embora do México. Além disso, ainda pairava sobre Cortez o perigo de que o Julgamento de Residência, parado após a misteriosa morte do juiz Ponce de León, recomeçasse.

Entre os anos de 1526 e 1528, o governo da Nova Espanha foi bastante instável, pois continuavam as disputas por cargos e funções administrativas. A falta de solidez política pode ser entendida pela distância geográfica do México em relação à Espanha e ao monarca, sendo as relações de poder necessariamente dependentes de confiança e fiscalização. Após a morte de Marcos de Aguilar, o *cabildo* nomeou para ocupar o lugar vago Gonçalo de Sandoval e Alonso de Estrada, que juntos dividiriam o governo na Nova Espanha. No entanto, depois de muitas desavenças e confusões políticas, a partir de agosto de 1527, o cargo de governador-geral, por ordens reais, ficou apenas com Estrada.

Em 1527, após uma discussão acalorada com Alonso de Estrada, Cortez foi expulso da Cidade do México. Desterrado, sem cargos e politicamente isolado, Cortez viajou para Cuernavaca, Texcoco e Tlascala até resolver finalmente voltar à Espanha. Mas, para deixar a América, precisava de uma autorização real.

O PRIMEIRO RETORNO À ESPANHA

Cortez escreveu a Carlos V, solicitando permissão para regressar. Afirmava, porém, não ter recursos para pagar a viagem. Após doar algumas terras às filhas de Montezuma, conforme prometera ao asteca, e patrocinar expedições sem sucesso, Cortez se encontrava em difícil situação financeira. Mesmo que con-

OUTRAS CAMPANHAS, NOVOS PROBLEMAS **151**

tinuasse a ser visto por alguns como um homem respeitado e até temido, esse poder agora era apenas simbólico, já que ele não exercia mais nenhum tipo de controle efetivo na América.

Aqui é preciso relativizar a questão da "dificuldade financeira", pois Cortez desejava embarcar para a Espanha com uma enorme comitiva, cercado por luxo e pompas. Além disso, mesmo tendo perdido títulos e poderes, ainda era senhor de algumas propriedades (que, só mais tarde, seriam vendidas por ele, a fim de sanar dívidas, ou repartidas em forma de herança).

No início de 1528, recebeu a resposta que esperava em uma carta assinada pelo novo presidente do Conselho das Índias, Francisco Garcia de Loaisa. Loaisa escreveu que a presença de Cortez em Castela seria muito conveniente, posto que o rei Carlos V queria conhecê-lo depois de tantos anos de serviços prestados à Espanha.

A Coroa espanhola pagava a viagem de Cortez, mas, ao mesmo tempo, ordenava que as autoridades da Nova Espanha reiniciassem o processo do Julgamento de Residência relativo a ele. O Conselho das Índias avaliou a importância de fazer o julgamento sem a presença de Cortez no México, pois ele poderia atrapalhar as investigações a seu respeito e influenciar de algum modo os resultados.

Os motivos que podem explicar a decisão de Cortez de voltar à Espanha são vários. Não se tratava apenas de ter perdido muito poder na América após ter sido colocado de lado na administração política do Novo Mundo. Cortez queria refazer de algum modo sua vida. Ele tinha filhos, mas não era casado, e um casamento com alguma mulher da nobreza espanhola poderia lhe proporcionar uma boa condição social, principalmente nesse momento da vida em que, com cerca de 40 anos, já estava em idade considerada avançada na época. Queria rever a família depois de tanto tempo fora de sua terra natal. Mas, principalmente, teria uma chance de falar pessoalmente com o rei, explicar-lhe suas ações, valorizar suas conquistas e, talvez, conseguir novos favores e títulos.

Ainda antes de deixar o México, Cortez recebeu a notícia de que seu pai havia falecido na Espanha. Perdeu, assim, seu principal representante na Europa e um dos poucos homens em que ele podia confiar.

Com o apoio da Coroa, Cortez comprou duas naus e convocou marujos. Partiu de Vera Cruz para a Europa, em abril de 1528, na companhia de seus capitães outrora subordinados André de Tapia e Gonçalo de Sandoval, que, doente, morreria ao chegar à Espanha. Na embarcação que levava Cortez estavam cerca de oitenta pessoas, além da enorme carga vinda da América, repleta de animais, joias, presentes, plantas exóticas e até mesmo alguns indígenas que seriam levados para o monarca espanhol.

EM TERRAS EUROPEIAS

Depois de quarenta dias de viagem, Cortez chegou enfim ao porto de Palos, o mesmo que viu partir Colombo em 1492. Fez então chegar ao rei, ao presidente do Conselho das Índias e aos seus amigos e parentes, a informação de que estava na Espanha. O monarca ordenou que Cortez fosse recebido com honras em cada cidade por que passasse e enviou-lhe cavalos para que pudesse viajar por terra.

Cortez e toda sua comitiva passaram por Sevilha e, depois, por Medelim, onde o conquistador visitou a família, os amigos de infância e o túmulo de seu pai. No Monastério de Guadalupe, rezou em agradecimento por suas vitórias militares na América. E, em Toledo, enfim encontrou-se com Carlos V.

O monarca não perdeu muito tempo conferindo os presentes trazidos da América. Quis saber quais eram as pretensões de Cortez, que favores esperava e, principalmente, quais suas opiniões a respeito da melhor forma de administrar o México de modo a enriquecer a Coroa espanhola.

Baseado em sua experiência e conhecendo os problemas da colonização de Cuba e São Domingos, em que muitos índios haviam morrido por causa de maus-tratos e doenças, Cortez afirmou que "o bom trato e a conservação dos naturais" eram indispensáveis para que a Espanha tivesse sucesso na Mesoamérica. Para evitar rebeliões indígenas no vale do México, aconselhou o rei a manter os índios livres e os mesmos sistemas de cobrança de impostos existentes antes da conquista espanhola. (Essas sugestões jamais foram colocadas em prática.)

Embora tenha tratado os índios com violência no momento da conquista, Cortez sabia que a manutenção do domínio espanhol e a colonização não poderiam prescindir do apoio da população nativa. Eram os índios a grande maioria dos que pagavam impostos e forneciam a mão de obra necessária aos espanhóis.

Nesse primeiro encontro, o capitão pediu ao rei a posse de diversas terras e povoados na Nova Espanha como recompensa pelos serviços prestados à sua majestade. Em resposta, Carlos V passou às mãos de Cortez aproximadamente 22 territórios e pequenos povoados localizados, em geral, próximos da Cidade do México. Entre eles estavam Cuernavaca, Coioacán, Tepeaca e Toluca. Cortez recebeu também o título de marquês do vale de Oaxaca. O marquesado era um título importante na hierarquia nobiliárquica da época.

Cortez seguiu a corte de Carlos V durante todo o mês de abril de 1529, até chegar a Zaragoza. Enquanto isso, Juan de Rada, seu representante, viajou até Roma para cobrar favores da Igreja Católica, por sua colaboração com a expansão do cristianismo no Novo Mundo. Em retribuição, o papa Clemente VII redigiu duas bulas (documentos oficiais da Igreja), datadas de 16 de abril de 1529, em que legitimava os três filhos de Cortez – Martim Cortez "O Mestiço" (com Malinche), Luis Altamirano (com uma espanhola chamada Antonia) e Catalina Pizarro (concebida em Cuba, filha de Leonor Pizarro) – e lhe permitia cobrar dízimos de suas terras adquiridas na Nova Espanha.

No mesmo ano, Cortez tratou de realizar um casamento que já lhe havia sido arranjado pelo seu falecido pai com a senhora Joana de Zuniga Ramires. A esposa ganhou esmeraldas americanas de presente e daria ao marido seis filhos que nasceriam na América. Dois deles morreram logo depois do parto e três eram meninas. Assim, apenas um, do sexo masculino, seria o herdeiro de Cortez, Martim Cortez, o segundo ou "O Sucessor", o único filho homem fruto de um casamento oficial.

Apesar de tudo, na estada na Espanha, Cortez não alcançou o poder e a glória esperados. Além disso, as queixas contra ele continuavam e o Julgamento de Residência foi restabelecido.

NOTAS

[1] Não sabemos ao certo qual espécie de animal estava sendo levada como presente à Espanha, pois os dados vêm de crônicas da época.
[2] "Real cédula de nombramiento de Hernán Cortés como gobernador y capitán general de la Nueva España e instrucciones para su gobierno.", em *Documentos Cortesianos*, México, FCE, 1992, p. 250.
[3] "Carta reservada de Hernán Cortés al emperador Carlos V.", em *Documentos Cortesianos*, México, FCE, 1992, p. 463.
[4] Hernán Cortés, *Cartas de Relación*, Madrid, Dastin, 2007, p. 361.
[5] Bernal Díaz del Castillo, *Historia verdadera de la conquista de la Nueva España*, México, Porrúa, 2007, p. 470.

A ÚLTIMA TRILHA DO CONQUISTADOR

O JULGAMENTO DE RESIDÊNCIA

O julgamento começou a ser organizado já em dezembro de 1528, pelo então presidente da Audiência do México, Nuno de Gusmão. Em poucas semanas começaram os testemunhos. Os depoentes deviam responder questões sobre os vários aspectos da vida de Cortez, incluindo os particulares, como casos amorosos ou seu relacionamento com a esposa e amigos. Nessa época, a divisão entre público e privado não era reconhecida, portanto, acreditava-se que o homem respeitável deveria ser um bom cristão, justo e correto fora ou dentro de casa.

Alguns acusadores de Cortez haviam pertencido a seu exército, como comandantes de tropas ou soldados. O depoimento de Vásquez de Tapia foi um dos mais graves. Ele acusou Cortez de desrespeitar as instruções reais que chegavam à América durante o processo de conquista e lembrou os episódios das matanças em Cholula e no Templo Maior. Tapia relatou que o capitão espanhol recebia presentes de alguns índios para que pudessem continuar os sacrifícios humanos. Acusou também Cortez de ser viciado em jogos e de ter infinitas mulheres, não sendo, portanto, um cristão temente a Deus, mas ao contrário, um terrível pecador que mantinha um "harém" em Coioacán, composto de índias e europeias. Segundo Tapia, Cortez costumava ser injusto ao distribuir o butim de guerra e favorecer os amigos. Afirmou ainda que o ouro perdido na Noite Triste pertencia ao carregamento de Cortez e não ao do rei, como dizia o capitão. Cortez teria trocado as éguas que carregavam o ouro, enganando a todos, só para se beneficiar. Muitas das denúncias de Tapia foram repetidas por outros queixosos perante o juiz principal.

Encerradas as sessões de testemunhos, os depoimentos foram resumidos em um documento único, o texto *Acusações contra Hernán Cortez*, assinado por Nuno de Gusmão, presidente da Audiência, e concluído em 8 de maio de 1529. O documento deveria ser então enviado à Espanha e analisado pelo Conselho das Índias, mas, antes que isso ocorresse, Cortez agiu em sua própria defesa. Pediu que procuradores intercedessem por ele.

Cinco dias após o documento ficar pronto, os homens de Cortez afirmaram na Audiência do México que as testemunhas eram inimigas declaradas do capitão e que, por isso, não prestaram depoimentos válidos. Declararam que vários outros juízes também deveriam ser rejeitados, pois todos tinham dívidas particulares com Cortez, contraídas desde os primeiros tempos da conquista. Um de seus procuradores, Garcia Llerena, apresentou para a Audiência um documento em sua defesa, narrando todas suas proezas e demonstrando como ele era fiel à monarquia e à Igreja Católica.

Desse modo, dois textos acabaram sendo enviados ao Conselho das Índias, *Acusações* e *Defesas*. Em março de 1530, o Conselho das Índias ordenou que a Audiência do México não se intrometesse mais no Julgamento de Residência de Cortez e que, de agora em diante, tudo o que aparecesse de novo no caso fosse remetido à Espanha.

Depois disso, por alguns anos, houve silêncio a respeito do julgamento de Cortez. Ninguém se pronunciava mais e o processo estava parado. Enquanto isso, o acusado preparou uma segunda defesa.

Em 1534, teve permissão para enviar à Espanha outro corpo documental a seu favor, já que considerava as *Defesas* de Garcia Llerena insuficientes. Cortez encaminhou, então, as *Novas Defesas*, redigidas por ele com a ajuda de juristas e soldados leais, que narravam em detalhes sua versão sobre os acontecimentos passados. O conquistador também conseguiu reunir testemunhas favoráveis, entre as quais os soldados André de Tapia, Juan Jaramillo (marido de Malinche), Francisco de Montejo e os franciscanos Toríbio de Benavente e Pedro de Gante. Nas *Novas Defesas*, Cortez deu uma avalanche de exemplos que deixavam nítida sua fidelidade ao rei, exaltavam seus esforços heroicos em guerra e confirmavam sua retidão.

Cortez certamente temia o resultado final do processo, mas ele nunca surgiu. Os documentos foram remetidos ao Conselho das Índias e não saíram mais de lá. O Conselho e a Coroa espanhola não estavam de fato interessados em terminar o processo, queriam, sim, mantê-lo como uma ameaça constante contra Cortez. Um julgamento que poderia ser concluído a qualquer instante era um forte instrumento de controle. O receio de ser punido limitava as ações de Cortez, conservando-o obediente e longe de causar problemas.

Cortez chegou a pedir várias vezes, todas sem sucesso, a anulação do julgamento, mas até sua morte, o Julgamento de Residência ficou sem solução.

Isso não quer dizer, contudo, que as acusações contra ele não tivessem sido prejudiciais. Na verdade, as repercussões da primeira fase do processo mancharam sua imagem. Os massacres das populações nativas foram vistos como algo desnecessário e extremamente cruel. As suspeitas de assassinato do juiz Ponce de León e da senhora Catalina Soares, a primeira esposa, além das acusações de roubar o ouro do rei, não ajudaram a recompor sua fama heroica e gloriosa, pelo contrário.

A opção da Coroa espanhola diante desse homem sempre rodeado de polêmicas, envolvido em disputas e exigente com relação a honras e recompensas, é clara: distraí-lo com títulos e algumas poucas terras e, com isso, procurar anulá-lo. Cortez até poderia ser homenageado, receber distinções e cargos, mas nada que lhe conferisse um poder forte e efetivo, na Espanha ou na América.

A NOVA ESPANHA: ÚLTIMA ESTADA

Cortez ficou cerca de dois anos na Espanha, até o mês de março de 1530, quando finàlmente embarcou para a América. Junto com ele vieram 400 pessoas, entre as quais sua segunda esposa, Joana, sua mãe viúva, senhora Catalina Pizarro, seu padre confessor, Juan Leguízamo, beatas franciscanas e agostinianas, soldados, nobres aventureiros, artesãos, menestréis e marinheiros.

Ele havia recebido ordens de só entrar no México após a chegada da segunda Audiência, já nomeada, à cidade. Com isso, o Conselho queria evitar atritos entre Cortez e os funcionários anteriores, que eram justamente os que tinham cuidado de seu Julgamento de Residência até então, e entre Cortez e as pessoas que testemunharam contra ele.

Por isso, Cortez ficou praticamente três meses em São Domingos e desembarcou em Vera Cruz apenas em julho de 1530, achando que já havia dado o tempo necessário para a chegada da nova Audiência, presidida por Sebastião Ramires. Por algum equívoco, entretanto, ele chegou a Vera Cruz bem antes dos novos juízes e ouvidores. Enquanto a nova Audiência não chegasse, ele deveria manter uma distância de dez léguas da Cidade do México. Por isso, passou um tempo em Tlascala e outro em Texcoco. Nesse período, Cortez recebeu índios queixosos, que lhe pediam favores (terras para plantar, redução de impostos) e que, em troca, levavam alimentos para ele e os seus acompanhantes. Naturalmente esses indígenas não conheciam os problemas burocráticos envolvendo o conquistador, viam nele apenas o estrangeiro que derrotara Tenochtitlán, portanto, o novo poderoso da região.

Essa relação com os índios desagradou os atuais governantes da Nova Espanha, pois se configurava numa espécie de poder paralelo, já que agora Cortez não era mais o governador. Antes que o conquistador pudesse estabelecer qualquer aliança perigosa com indígenas descontentes, a Coroa proibiu a doação e mesmo a venda de alimentos a Cortez.

A decisão, além de humilhar Cortez, colocou-o em uma situação difícil. O grupo de quatro centenas de pessoas que o acompanhava não poderia mais ser sustentado às suas custas. Nem mesmo o título de marquês do vale pôde resolver a questão da escassez de alimentos. As pessoas que o acompanharam vindas da Europa haviam confiado em suas promessas e relatos por certo exagerados a respeito das riquezas e do poder que exercia na América. Cortez as desapontou, perdendo credibilidade mesmo entre os seus dependentes e seguidores. O senhor que acreditavam ser poderoso e nobre nem mesmo conseguia prover sua comitiva. Em pouco mais de um mês, mais de duzentas pessoas da comitiva morreram de fome, ou seja, mais da metade do grupo, incluindo a mãe de Cortez.

A segunda Audiência finalmente tomou posse no México no início do ano de 1531. Mesmo autorizado a entrar na cidade, Cortez preferiu se instalar em Cuernavaca, lugar tranquilo onde, em 1526, havia erguido uma grande residência, na qual se dedicava a recuperar judicialmente alguns de seus antigos territórios, invadidos e perdidos durante sua ausência do México, e a ver se conseguia organizar alguma expedição marítima.

Fachada da residência de Cortez em Cuernavaca. A construção sinaliza o enorme poder do capitão espanhol na América. [Foto do autor, 2007.]

Num primeiro momento, a relação de Cortez com os novos juízes e o presidente da Audiência, Sebastião Ramires, foi amistosa. O conquistador chegou a recorrer a eles para tentar solucionar pendências jurídicas. Ele queria de volta, por exemplo, as terras que estavam entre a fonte de Chapultepec e a região de Tacuba.

O tempo que não gastava com a imensa papelada judicial que o rodeava era empregado em tentativas de organizar novas expedições de conquista, pois mesmo sem poderes efetivos, o capitão espanhol continuava tentando ampliar seus domínios na Nova Espanha.

EXPLORAÇÕES NO PACÍFICO

Entre os anos 1530 e 1540, Cortez alternou suas ocupações entre os papéis administrativos como pedidos, exigências, reclamações e acordos e as explorações que desenvolveu na costa do Pacífico, então chamado Mar do Sul.

Nessa última década que passou no México, Hernán Cortez não era um perigo efetivo para a Audiência ou o *cabildo* do México, mas certamente era um grande incômodo. Cortez irritava as autoridades do México com suas demandas e causava inquietação pelo prestígio que ainda tinha entre os índios e pelo fascínio que exercia entre alguns espanhóis. A solução encontrada para tirá-lo de cena foi convidá-lo a prosseguir suas explorações e conquistas. Assim, ele ficaria longe do cotidiano administrativo da Nova Espanha, sendo novamente apenas um funcionário, ou melhor, um capitão subordinado às ordens da Coroa. Essa ideia permite concluir que, para a monarquia, a função de Cortez era ampliar o poder do império, mas não fazer parte dele.

Com o apoio recebido, Cortez voltava a uma das coisas de que mais gostava: organizar expedições de conquista. Entretanto, embora as novas expedições tenham feito importantes descobertas geográficas, decepcionaram Cortez por não resultarem em riquezas materiais e, pelo contrário, implicarem grandes gastos.

De todas as expedições que organizou nessa época, ele só esteve fisicamente presente em uma. As viagens que tinha que fazer até o litoral de Tehuantepec e o de Acapulco, locais em que estavam os seus barcos, prontos ou em construção, lhe tomavam muito tempo. Cortez dirigia a fabricação das embarcações, o transporte de ferragens, madeiras e alimentos, a organização das tripulações, o planejamento das empreitadas e a avaliação de seus resultados – todas essas atividades ocupavam o capitão. Tudo o que era produzido em Cuernavaca e em outras pequenas propriedades de Cortez, seja ouro ou alimentos, era gasto para viabilizar suas expedições marítimas. Mesmo depois de muitas perdas, Cortez ainda era capaz de mobilizar recursos, pois ainda tinha acesso a terras, cavalos, pequenos povoados e até algumas minas de prata.

Para cumprir a missão de explorar o Mar do Sul, Cortez utilizou-se de mão de obra indígena no transporte de cargas até Acapulco e Tehuantepec. Como estava acostumado, não pagou pelo serviço dos carregadores e acabou multado, pois agora, pelas *Ordenanças sobre o tratamento de índios*, uma nova lei de 1528, era proibido o uso de índios para carregar mercadorias sem o devido pagamento. O capitão espanhol teve que arcar com uma multa de 40 mil pesos de ouro pelo uso indevido de 400 índios nesses transportes.

PRIMEIRAS EXPEDIÇÕES AO MAR DO SUL

A primeira expedição marítima despachada por Cortez partiu de Acapulco, em 30 de junho de 1532, comandada por Diego Furtado de Mendonça, seu primo. O objetivo era explorar as ilhas e a costa do Pacífico, lugares cuja existência já era sabida, mas que ainda não tinham sido devidamente explorados, ou seja, muito ainda poderia ser descoberto. Após explorar a região, Diego Furtado de Mendonça deveria também tomar posse das terras descobertas. Entretanto, os barcos não levaram provisões nem marujos o suficiente e tiveram que fazer paradas de abastecimento nem sempre bem-sucedidas. No porto de San Blas, em Jalisco, por exemplo, os marinheiros foram impedidos de obter água por inimigos políticos de Cortez.

Mesmo em situação precária, a expedição conseguiu chegar à ilha Madalena, uma das quatro que formam o arquipélago das Ilhas Marias, localizado cerca de 110 km da costa mexicana, no Pacífico. Essa descoberta, porém, não aplacou a fome e a sede dos marujos. Revoltados, alguns soldados se amotinaram, tomaram o controle de uma das naves e fizeram-na voltar ao continente em busca de água e comida, deixando a outra embarcação, com Diego Furtado de Mendonça a bordo, seguir viagem no Pacífico. Os amotinados chegaram a Culiacán famintos e maltrapilhos. Desembarcaram e caminharam por quarenta dias até acabarem aprisionados por outros espanhóis adversários políticos de Cortez. Os que haviam ficado na praia à espera dos companheiros decidiram fugir assim que souberam dessa prisão, mas seu navio acabou naufragando a poucos quilômetros do litoral. Diego Furtado de Mendonça, por sua vez, também naufragou ao ser pego por um terrível temporal no mar. Não houve sobreviventes.

Após o enorme fracasso dessa expedição, Cortez resolveu acompanhar mais de perto as construções de novos barcos em Tehuantepec, assegurando-se de que levariam uma boa quantidade de víveres na próxima viagem planejada. Cortez não desistia e sua vontade de organizar grandes empresas parecia ter se transformado em compulsão. Sua busca incansável por riqueza e fama tinha um custo alto, não só em termos de gastos materiais, mas principalmente do sofrimento humano envolvido nessas viagens de conquista. Nelas, a tripulação padecia de inúmeras privações mesmo que isso não comovesse homens como Cortez.

De novembro de 1532 até setembro de 1533, Cortez permaneceu em Tehuantepec. Junto com ele levara todos os seus criados, cozinheiros e mordomos e mais trinta soldados espanhóis, os quais tinham que ser alojados e alimentados. Além disso, muitos outros homens envolvidos na logística das empreitadas de exploração e conquista, tais como marceneiros, marujos e secretários, também deviam receber abrigo e alimentos, obrigando a muitos gastos. Os recursos necessários à construção dos navios também eram altos. Com isso, Cortez enredava-se cada vez mais em despesas que deveriam ser justificadas posteriormente.

Para a segunda expedição marítima foram construídos dois navios. A primeira embarcação, que seria comandada por Diego Bezerra, foi batizada de Conceição e a segunda, sob a responsabilidade de Fernando de Grijalva, foi chamada de São Lázaro. Os nomes de conotação religiosa, acreditavam os espanhóis, trariam boa sorte. Os dois barcos ficaram prontos em 1533. Sua missão principal era encontrar o desaparecido Diego Furtado de Mendonça e, depois, prosseguir as explorações.

No caminho, uma forte tempestade fez com que as embarcações se separassem. Diego Bezerra foi assassinado com facadas dentro de seu próprio navio enquanto dormia, após se desentender com seu piloto, Jimenez. Os marujos, que continuaram no barco, prosseguiram viagem, desembarcando em algumas ilhas do Pacífico até finalmente serem mortos por índios hostis. Fernando de Grijalva e o São Lázaro tiveram mais sucesso. Seguiram com relativa segurança, e o capitão do navio pôde até fazer uma detalhada descrição do litoral do Mar do Sul. Navegaram por cerca de quatro meses até retornar a Acapulco. Haviam feito o reconhecimento de várias pequenas ilhas das quais tomaram posse em nome do Império Espanhol.

CORTEZ NO MAR DO SUL

Mas Cortez não ficou satisfeito. Os problemas encontrados e os fracos resultados das duas primeiras expedições foram atribuídos por ele à incapacidade dos comandantes que enviara. Assim, começou a organizar uma terceira viagem em que ele próprio estaria à frente da expedição mesmo já com seus 50 anos.

Levou consigo, como braço direito, o fiel soldado André de Tapia. Para essa nova expedição usaria três navios: o São Lázaro, o mesmo que trouxe Grijalva de volta, e duas outras novas naves, Santa Águeda e São Tomás.

Além dos navios perdidos, Cortez esperava encontrar, nas ilhas do Pacífico, ouro e pérolas o suficiente para sentir-se rico e seguro novamente. Entretanto, embora não tenha enfrentado grandes perdas ou tragédias, como nas duas primeiras expedições, os resultados não fizeram jus às expectativas. Ele apenas conseguiu tomar posse da baía da ilha de Santa Cruz, onde fundou um povoado composto por 30 espanhóis com 12 cavalos deixados por ele junto com mantimentos necessários para 10 meses de ocupação, tais como milho, ovelhas, toucinhos, galinhas e porcos vivos.

Preocupada com a demora do marido, dona Joana de Zuniga, que ficara no México, pediu ajuda ao primeiro vice-rei da Nova Espanha, o recém-chegado da corte dom Antônio de Mendonça, para estabelecer contato com Cortez, a quem não via há mais de um ano. Um navio de resgate foi então enviado para trazê-lo de volta. Assim, em abril de 1536, Cortez desembarcou em Acapulco. Pouco tempo depois, um mensageiro lhe entregava uma carta de Francisco Pizarro, o futuro conquistador do Peru, pedindo auxílio urgente, pois estava cercado na "Cidade do Rei" – atual Lima –, de onde só poderia sair por mar. Cortez, em socorro ao parente, enviou duas naus sob o comando do mesmo Fernando de Grijalva (não se sabe ao certo qual o resultado dessa ajuda). Esse foi um episódio singular das conquistas espanholas em que os dois maiores conquistadores, Cortez e Pizarro, trocaram cartas e auxílio. Eles não chegaram, contudo, a lutar juntos.

Em 5 de junho, Cortez já se encontrava em sua residência em Cuernavaca.

OS ÚLTIMOS MOMENTOS DE CORTEZ NA AMÉRICA

Logo depois de retornar de Santa Cruz, Cortez se fixou em Cuernavaca e decidiu dedicar-se à mineração. Como tinha a posse de várias pequenas minas espalhadas pela Nova Espanha, dentre as quais se destacavam Tamazula, Zapotlán e Tehuantepec, Cortez resolveu explorá-las utilizando vasta mão de obra indígena. Em troca, como qualquer minerador, pagava impostos à Coroa espanhola.

As minas de Cortez, porém, davam baixo rendimento. Por serem distantes de Cuernavaca e mesmo da Cidade do México e afastadas entre si, o acesso a

Entrada da residência de Cortez em Cuernavaca. É possível ver na base do prédio resquícios de escadarias de uma construção indígena mais antiga. Provavelmente, a casa foi erguida sobre os escombros de alguma pirâmide. [Foto do autor, 2007.]

elas era muito difícil. Com isso, era também difícil controlar sua produção. Os que nelas trabalhavam morriam em grande quantidade por conta do excesso de esforço, do calor intenso, dos acidentes constantes e das inúmeras doenças que acometiam os índios. Com frequência, os mineiros abandonavam o trabalho deixando as minas à mercê dos saques. A mineração, portanto, estava longe de corresponder aos sonhos de Cortez.

Desde seu retorno à Nova Espanha em 1536 e até o ano de 1538, Cortez manteve boas relações políticas com o vice-rei Mendonça e com a nova Audiência do México. Em Cuernavaca, ele cuidava de suas terras: administrava as contas das minas, regulava os cultivos agrícolas e a criação de gado. Periodicamente, ia ao porto de Tehuantepec inspecionar a construção dos navios. Para dar conta disso tudo pessoalmente, fazia muitas viagens a cavalo verificando tudo o que tinha, entre terras, vilas e demais propriedades.

No entanto, inquieto, Cortez não desfrutava do sossego que a casa de Cuernavaca poderia lhe dar, pois, em 1539, decidiu organizar uma quarta

Descontente com suas expedições ao Pacífico e preocupado com as ações de Mendonça, Cortez decidiu retornar à Espanha para resolver pessoalmente os problemas que o afligiam. [*Hernán Cortés*, in *Historia Antiga de México e sua Conquista* (1844), Francisco Xavier Clavijero.]

expedição ao Mar do Sul. Dessa vez pretendia fazer uma completa exploração da região que mais tarde viria a se chamar Baixa Califórnia e, se possível, encontrar Diego Furtado de Mendonça, desaparecido desde 1532.

Essa expedição, contudo, significou o início do fim da vida de Cortez na América. O vice-rei Mendonça rompeu as boas relações estabelecidas com o conquistador e enviou soldados para vários portos do Mar do Sul com o intuito de deter os navios de Cortez, liderados pelo capitão Ulloa. Não se sabe ao certo os reais motivos que levaram o vice-rei a se voltar contra Cortez, mas o fato é que ele ordenou que se tomasse o estaleiro de Tehuantepec, confiscando todos os navios e aparelhos que ali houvesse. Ao que tudo indica, Mendonça queria ele mesmo organizar as explorações e é possível pensar que, desde sua chegada, havia recebido ordens reais para diminuir o poder de Cortez.

O capitão espanhol, por sua vez, a fim de resolver o problema, enviou à Espanha três procuradores, Juan de Avellada, Juan Galvarro e Jorge Cerón, entre os meses de setembro e novembro de 1539. Eles deveriam expor ao Conselho das Índias o que ele havia feito em termos de descobertas, conquistas e posses no Mar do Sul e solicitar o impedimento de qualquer expedição organizada pelo vice-rei Mendonça que ferisse os direitos de Cortez na região.

Independente das ações dos três procuradores na Europa, expedições dispostas pelo vice-rei foram lançadas ao mar e, com isso, Cortez foi novamente deixado de lado. Sem esperar o resultado dos seus procuradores, pois a impaciência o consumia, decidiu ele mesmo dirigir-se à Espanha para, pessoalmente, resolver sua situação junto ao rei. Reuniu então uma boa quantidade de ouro e, com pressa e sem deixar instruções para seus funcionários e procuradores locais, embarcou para a Europa.

CARTAS AO REI

Em janeiro de 1540, Cortez chegou à Espanha acompanhado por dois de seus filhos, Martim e Luis, por André de Tapia e, provavelmente, por alguns servidores. Pouca coisa se sabe a respeito de outros motivos dessa viagem que não sejam resolver seus atritos com o vice-rei Mendonça e a situação de seu Julgamento de Residência ainda pendente.

Seis meses após sua chegada em Madri, Cortez dirigiu ao rei Carlos V por escrito uma série de críticas e lamentações, resgatando, ao mesmo tempo, seus feitos e glórias realizados em nome da Coroa espanhola e da Igreja Católica.

Essa série de cartas foi confeccionada a partir das lembranças que tinha dos tempos em que era mais jovem e um militar vitorioso. Havia nessa correspondência um tom de amargura, como a de quem sabia a importância de suas ações e que se via, naquele momento, destituído de poder e glória.

A primeira dessas cartas é de junho de 1540 e a última é de 3 de fevereiro de 1544.[1] As ofensas contra o vice-rei Mendonça são incontáveis e o desânimo de Cortez é visível:"Vejo-me velho, pobre e endividado neste reino e não tenho mais de um filho adulto que me sustente, não tenho mais idade para andar em hospedarias, mas sim tenho idade para me recolher e acertar as contas com Deus".[2]

A sensação de desilusão e a certeza de que no fim da vida lhe faltava reconhecimento parecem ter abatido Hernán Cortez profundamente. Ele mesmo disse em uma das cartas:

> Quanto há que servir ao teu senhor por mar e por terra, dias e noites, desvelado e cansado, inverno e verão, em paz e em guerra para jamais vê-lo satisfeito? Há que se perder a juventude, as terras, as forças, a liberdade para ficar sem dentes, sem bens e sem esperança, cheio de dívidas e enfermidades.[3]

As reclamações de Cortez jamais tiveram resposta do rei. Isso acabou sendo a prova de que era tratado com indiferença pelo monarca. A falta de interlocução configurou-se uma grande humilhação para o conquistador. Cortez, contava seus feitos de tempos melhores, enumerava os serviços prestados à Coroa, caracterizava-se a si próprio como herói, na tentativa frustrada de ser recompensado. Cortez não era ouvido não porque não tinha o que falar, mas porque não havia quem quisesse escutá-lo.

HUMILHAÇÕES E CONVERSAS

Nesse mesmo período, o domínio comercial espanhol no mar Mediterrâneo se viu ameaçado. Os piratas argelinos, os *barbarrochas*, não permitiam uma navegação segura das mercadorias e dos soldados de Carlos v. Os saques, os roubos e os ataques se tornavam constantes. Por isso, o rei espanhol, em 1541, armou várias expedições para atacar o porto de Argel, então governado por Azán Agá, a fim de acabar de vez com a ação dos piratas. O capitão escolhido para comandar essa ofensiva foi André Doria.

André Doria chegou a avisar o monarca espanhol que o momento não era favorável para um ataque, pois havia muito vento e risco de tormentas que poderiam afetar as embarcações. O rei, porém, não lhe deu ouvidos e ordenou a partida.

Hernán Cortez decidiu servir ao imperador como voluntário, levando consigo seus filhos Martim, de apenas nove anos de idade, e Luis, de 18 anos. Ele embarcou no barco Esperança, do capitão Enrique Enriquez. Cortez, nesse momento, já contava com 56 anos, o que naquele tempo representava uma idade bastante avançada. O conquistador de Tenochtitlán havia tido uma vida intensa, pouco regrada, repleta de viagens e campanhas militares; seu estado de saúde certamente não era dos melhores. No entanto, era movido por um forte desejo de manter-se fiel ao monarca e, com isso, provar o seu mérito em mais essa empreitada, agora contra piratas argelinos. O que ele parecia querer era, no fim de tudo, ser reconhecido por Carlos v.

No dia do ataque do Esperança ao porto dos piratas, choveu tanto que a pólvora das armas espanholas molhou, fazendo com que não funcionassem. Os argelinos se aproveitaram disso e atacaram os espanhóis. Um conselho de guerra, reunido às pressas no navio, decidiu ir embora, mas Cortez, influenciando nas decisões, afirmou que conseguiria tomar a cidade com um reduzido número de homens. Talvez ele quisesse reviver seus dias de glória, mas o episódio contra os piratas, no entanto, foi uma verdadeira catástrofe. Cortez fracassou de modo humilhante diante dos outros soldados, mais jovens que ele, e perante o próprio imperador, que estava presente na expedição e que teve seu barco virado numa noite de tempestade. Ficou claro que um dos fracassos de Cortez foi permitir que o barco de Carlos v virasse.

Para quem se via como o grande conquistador de Tenochtitlán, responsável inconteste pelo crescimento do Império Espanhol, não tomar o porto de Argel, falhando diante do imperador, deve ter sido um duro golpe. Após essa humilhação pública, ele mergulhou num profundo desânimo.

Entre os anos de 1544 e 1545, viveu em Valhadolide. Nesse período, encontrou-se em três ocasiões com o famoso jurista e humanista Juan Ginés de Sepúlveda, que manifestou interesse pelas histórias do capitão espanhol. Essas conversas inspiraram Sepúlveda a publicar, em 1544, o tratado intitulado *As justas causas da guerra contra os índios*. Outros que deram atenção aos relatos de Cortez – cada vez mais fantásticos à medida que encontravam ouvintes atentos – foram o humanista Cervantes de Salazar e o bispo Paulo Giovio, que pediu um retrato do comandante a fim de incluí-lo na galeria das celebridades juntamente com os quadros que representavam outros militares e religiosos que haviam estado a serviço da Igreja e da Coroa espanhola.

No campo da política Cortez havia sido ignorado e tratado com indiferença. As suas cartas de reclamações não foram nem nunca seriam respondidas. Em sua última tentativa militar de receber aplausos e recuperar a fama de herói, fora humilhado em Argel. O homem velho, cansado e doente procurava desesperadamente reconhecimento em seus momentos finais. Esses intelectuais e Bartolomeu de Las Casas lhe forneceram, pelo menos em parte, esse conforto.

DÍVIDAS E SOLIDÃO

Apesar de possuir algumas propriedades, Cortez contraíra muitas dívidas ao longo da vida, principalmente após suas expedições ao Mar do Sul. Além disso, gastara muito dinheiro, tanto na América quanto na Espanha, para o sustento de suas casas e de numerosos procuradores, administradores, agentes e criados, necessários à manutenção de seu poder de influência como conquistador e de sua condição social como marquês. Os seus filhos também representavam enormes gastos.

Além disso, Hernán Cortez ficou muito doente. Em setembro de 1546, agoniado por suas dívidas e temendo as consequências deletérias à saúde de mais um rigoroso inverno em Madri, decidiu mudar-se para Sevilha, onde passou a residir em sua casa na paróquia de São Marcos. Alguns acreditam que Sevilha seria apenas uma etapa da viagem que procuraria fazer de volta ao México, de onde, ao que parece, sempre sentiu saudades. Sobre Cortez, o cronista Francisco Lopes de Gómara afirmou: "Foi a Sevilha com vontade de atravessar para a Nova Espanha e morrer no México".[4]

Quando se deu conta de que não havia outra maneira de conseguir novos prazos de seus credores, chamou o amigo Jácome Boti. Boti emprestou-lhe dinheiro e penhorou, a seu pedido, os objetos de valor que havia na casa. Peças de ouro e prata e até camas enfeitadas com bordados, objetos da capela, taças e frascos de cristal foram vendidos.

Depois de penhorar a própria casa, Cortez chamou o escrivão público Melchior de Portes e terminou de ditar seu testamento no dia 12 de outubro de 1547. Tomou muito cuidado quanto à divisão de seus bens entre os herdeiros. Ordenou que, em seu nome, fossem feitas algumas construções, como um hospital no México e um monastério de monjas na região de Coioacán. Vários de seus criados tiveram as dívidas perdoadas.

O mais curioso foi o modo como ele tratou o problema da "justiça" da conquista espanhola de Tenochtitlán. Ele mandou libertar escravos, exigiu que se restituíssem as terras pertencentes anteriormente aos indígenas e que os índios fossem pagos pelos serviços pessoais prestados. Nada disso, obviamente, seria cumprido pelos filhos de Cortez e os impostos e a servidão indígena continuaram como estavam enquanto as leis espanholas permitiram.

Não se pode saber com certeza se Cortez teve uma mudança de atitude movido por uma crise de consciência ou se as conversas prévias com Las Casas tiveram algum impacto sobre seu pensamento. Mas parece razoável pensar que, perto da morte, Cortez passou a temer por sua alma. Sua forte formação católica talvez o tenha levado a preocupar-se com o castigo do inferno, punição divina pelos assassinatos que perpetrara ao longo da vida. Com o testamento, procurava aliviar sua culpa perante Deus: "quero estar aparelhado para quando a vontade de Deus quiser me levar e quero fazer o que necessário for para o bem da minha alma, segurança e desencargo de consciência".[5]

Em seu testamento deixou claro que queria que seus ossos fossem levados à Nova Espanha num prazo de dez anos, para ser enterrado na vila de Coioacán, especificamente no monastério de monjas que mandara edificar. O monastério, por falta de recursos, jamais seria construído.

A MORTE DO CONQUISTADOR

Incomodado com o grande número de pessoas que o procuravam para tratar de negócios, decidiu sair da cidade e rumou para Castilleja de La Cuesta, uma pequena vila, a 5 km de Sevilha. Acompanharam-lhe nessa pequena viagem apenas seu mordomo e seu camareiro. (Sua esposa Joana de Zuniga ficara no México e continuava vivendo em Cuernavaca.)

A casa de Sevilha, agora vazia e sem enfeites, foi fechada. Cortez pediu ao seu amigo, o jurista Juan Alonso Rodrigues, que o abrigasse em sua casa. O ex-capitão, que vivera grandes aventuras estava enfermo, debilitado, sofrendo de indigestão. Eram dores que sentia há tempos, mas que haviam piorado com o passar dos anos. Tinha constantes diarreias com muco e sangue. Sofria de terríveis cólicas. Passou a ser tratado por Joana de Quintanilha, que havia sido indicada por conhecidos para cuidar de Cortez no que pareciam ser seus últimos dias. Seu amigo, o médico Cristóvão Mendes também o acompanhou, fornecendo-lhe o atendimento do qual tanto necessitava. Em Castilleja de La Cuesta, Cortez recebeu algumas poucas visitas de amigos e parentes, porém, passava a maior parte do tempo sozinho.

Antes de falecer, ele ainda se aborreceu com o seu filho Luis e acabou deserdando o rapaz num acesso de ira. Entretanto, Cortez já não tinha forças nem mesmo para assinar o documento. Em seu lugar assinou o seu primo, Diego Altamirano, frade franciscano.

Numa sexta-feira, dia 2 de dezembro de 1547, Cortez morreu, aos 62 anos. O seu filho Martim, com 15 anos, frei Pedro de Zaldívar, seu primo Diego

Altamirano e o próprio dono da casa em que estava hospedado, Juan Alonso Rodrigues, lhe fizeram companhia em seus derradeiros momentos. Cortez, a partir dessa data, se transformava em História. Segundo a tradição, suas últimas palavras, numa frase sem sentido, teriam sido: "Mendonça [...] não [...] imperador [...] eu prometo [...] 11 de novembro de 1544".

Talvez, num delírio, ele tenha trazido à tona duas questões que muito lhe incomodaram antes de morrer: os obstáculos que o vice-rei tinha colocado durante suas explorações e conquistas no Mar do Sul e a indiferença com que ele tinha sido tratado pelo monarca espanhol. Mas e esses números? O que poderia significar essa data? Até agora ninguém ofereceu uma explicação razoável.

Ele tinha herdeiros tanto na América quanto na Europa. Os filhos e filhas legítimos desde o início eram: dom Martim Cortez, "O Sucessor", e suas filhas Maria Cortez, Joana e Leonor. Ele também deixou outros dois filhos: Martim Cortez, "O Mestiço", e Luis Altamirano Cortez, ambos legitimados pelo papa. E houve outras três filhas: a primeira de uma índia cubana e outras duas de índias mexicanas. Martim, "O Sucessor", herdou o marquesado do vale de Oaxaca, mesmo que o título tenha sido perdido pelo pai. Cortez deixou substanciosa herança (boas quantias de ouro) para seu outro filho, Martim "O Mestiço". As filhas também receberam de herança quantias de ouro para serem usadas no pagamento de dotes a fim de conseguirem bons casamentos.

Antes que seus ossos fossem finalmente levados ao México, de acordo com seu desejo documentado, seus restos foram depositados na cripta de seu amigo duque de Medina, na capela do monastério de São Isidoro do Campo, na vila de Santiponce, próxima a Sevilha. Quando o duque falecesse, os restos de Cortez seriam então deslocados.

O funeral teve início às 3 horas da tarde do dia 4 de dezembro de 1547. A escolha desse horário para funerais era comum na época, por se acreditar, segundo uma determinada interpretação da Bíblia, ter sido o momento da crucificação de Jesus. O corpo foi acompanhado por um cortejo composto pelos capelães das paróquias vizinhas, pelos frades das ordens de Sevilha, pelos criados do capitão vestidos de luto e por cinquenta pobres que caminhavam segurando tochas acesas, iluminando simbolicamente a passagem de Cortez à "outra vida". Ao chegar ao monastério, a urna foi aberta para que, segundo o costume, o rosto de Cortez fosse reconhecido pelo prior. O corpo, então, foi depositado em um sepulcro, em meio às bancadas, ao lado do maior altar da capela.

Comparativamente com os padrões dos rituais fúnebres da nobreza daquele período, Cortez teve uma cerimônia relativamente simples, mas mesmo assim, a fim de pagar os custos das missas encomendadas, o capitão criara novas dívidas.

Pátio interno da casa de Cortez no bairro de Coioacán. O desejo do conquistador era ser enterrado na América, próximo a sua residência. [Foto do autor, 2007.]

No dia seguinte ao enterro foi rezada uma das cinco mil missas que Cortez havia ordenado em testamento: mil pelas almas do purgatório, duas mil pelos que morreram em sua companhia e outras duas mil pelas almas das pessoas desconhecidas.

Hernán Cortez morreu apenas com o título de capitão-geral da Nova Espanha e Mar do Sul. Esse título também seria passado ao seu filho Martim, "O Sucessor", pelo rei Carlos V. Após a morte do pai, Martim envolveu-se em diversas disputas com sua mãe, dona Joana de Zuniga, por questões de dinheiro, que várias vezes foram parar nos tribunais.

NOTAS

[1] "Memorial de Hernán Cortés a Carlos V acerca de los agravios que le hizo El virrey de la Nueva España impidiéndole de los descubrimientos en el Mar del Sur", em *Documentos Cortesianos*, v. VII, México, FCE, 1992.
[2] José Luis Martínez, "La persona de Hernán Cortés", em *Arqueologia Mexicana: La ruta de Cortés*, México, INAH, 2001, p. 40.
[3] "Memorial de Hernán Cortés a Carlos V acerca de los agravios que le hizo El virrey de la Nueva España impidiéndole de los descubrimientos en el Mar del Sur", em *Documentos Cortesianos*, v. VII, México, FCE, 1992.
[4] Francisco López de Gómara, *La Conquista de México*, Madrid, Dastin, 2000, p. 498.
[5] "Testamento de Hernando Cortés", em *Documentos Cortesianos*, v. IV, México, FCE, 1992, p. 314.

O MITO
E A MEMÓRIA
DO CONQUISTADOR

VÁRIAS IMAGENS

Como figura histórica, Hernán Cortez foi visto e revisto de diferentes formas ao longo do tempo, de acordo com os mais variados interesses e propósitos. Nesse sentido, existem muitos "Cortezes". O Cortez do século XVI é distinto do XIX e também do XX ou mesmo do XXI que se inicia. Ou seja, existem muitas imagens a respeito do conquistador espanhol que, quando analisadas mais de perto, nos dão informações sobre a época em que cada uma delas foi construída. Elas, portanto, também têm uma história.

A memória em vigor desse personagem está sempre associada à compreensão da conquista espanhola e da relação dos espanhóis com os povos indígenas na América. Isso ocorre mesmo no Novo Mundo, pois a chegada dos europeus, além de incluir o novo protagonista, o conquistador, modificou as formas preexistentes de registro do passado, fazendo imperar a ótica europeia. Assim, narrativas a respeito da América e da invasão espanhola passaram a ser feitas a partir da lógica e do idioma europeus. A pena do conquistador se transformou em porta-voz do fato histórico. A história da América passou a ser contada como se o continente fosse, sobretudo, um cenário no qual os europeus atuavam. Para os primeiros conquistadores, em suas cartas e memórias, o que mais importava ressaltar eram os descobrimentos e as conquistas e não o modo de vida das sociedades nativas. Os diários, as crônicas e as memórias a respeito das guerras envolvendo espanhóis e índios foram tomados como as fontes oficiais sobre o passado, ao passo que o ponto de vista dos indígenas conquistados foi desprezado ou mesmo silenciado.

Dessa maneira, à derrota militar dos índios de Tenochtitlán seguiu-se o aniquilamento de sua memória histórica particular. Nas novas narrativas da conquista do México, os protagonistas eram o império – que ampliou seus territórios e dominou os nativos "pagãos" – e seus agentes – os soldados, os frades evangelizadores e os colonos espanhóis. Entre os guerreiros, Cortez ganhou papel de destaque.

TRADIÇÕES DA NARRATIVA EUROPEIA

A tradição bíblica influenciava enormemente a concepção europeia a respeito do tempo e da história no século XVI. E, justamente por isso, esteve bastante presente no modo como os conquistadores entenderam e narraram os acontecimentos na América. Os que envolveram Cortez não fugiram a essa tendência.

Para os cronistas da época, o desenrolar da história era a manifestação do plano divino. O tempo era um processo linear de avanço constante, da criação da humanidade até sua salvação final, marcado pela contínua intervenção de Deus. Para que o plano vingasse, Deus se valia de instrumentos: pessoas excepcionais capazes de destruir os infiéis e conquistar almas para a Cristandade. Cortez era uma delas.

Se a Espanha era a nação escolhida para que a humanidade se unisse em nome do cristianismo, quando então Jesus estaria novamente na Terra para instituir o Juízo Final, os soldados e os capitães na América eram os novos cruzados que tinham vindo derrotar a resistência indígena. Entre eles, o que submetera os poderosos astecas era o principal.

As *Cartas de Relação* endereçadas ao monarca Carlos V pelo próprio capitão e a *História verdadeira da conquista da Nova Espanha*, de autoria do soldado Bernal Dias de Castilho, seguiam essa lógica. Como foram as primeiras impressões registradas a respeito da atuação de Cortez e da conquista do México, esses dois documentos serviram de base para muitas narrativas que se seguiram. O fato de ambos os autores terem participado diretamente dos acontecimentos que narraram lhes deu muito crédito.

O CORTEZ CONQUISTADOR: POR HERNÁN CORTEZ

As cartas de Cortez ao rei tinham como objetivo provar que era um fiel súdito da Coroa, imbuído de espírito cristão, que merecia ser recompensado por seus feitos. Assim, o que mais importava no texto era mostrar uma imagem positiva de Cortez: herói destemido, grande líder e o principal responsável pelo sucesso da conquista, graças a Deus.

O texto do soldado Bernal Dias de Castilho corroborava essa visão: se a vitória da Espanha era a vitória do cristianismo, Cortez na América fora o principal escolhido para levá-la a cabo.

Ao mesmo tempo em que os conquistadores espanhóis valorizaram-se na pele de "verdadeiros cruzados", descreveram um universo indígena cheio de problemas, vinculados principalmente à religiosidade equivocada. A visão negativa dos indígenas era necessária para embasar a interpretação salvacionista e providencial da intervenção espanhola, a partir da liderança do bravo Cortez e seus homens corajosos. Eles haviam liberado os índios do demônio, dos sacrifícios humanos e da degradação.

Essas ideias se propagaram com rapidez e se converteram no argumento legitimador da colonização espanhola e da sujeição da população indígena. Do mesmo modo, propagou-se a fama de Cortez como um cavaleiro cristão, valoroso e fiel.

Tal imagem do capitão espanhol passou a ser divulgada também pelas crônicas dos franciscanos, sobretudo na obra do frei Toríbio de Benavente, o Motolinía. Para o religioso, a chegada dos padres ao Novo Mundo foi o equivalente à saída do povo judeu do Egito: significava a derrota da idolatria e o início da peregrinação em direção à terra prometida. Nesse caso, também era feita uma associação direta entre Cortez e Moisés: Cortez era o enviado para libertar os astecas de sua servidão ao demônio e conduzi-los à Igreja.

A DEFESA DOS ÍNDIOS E O OUTRO CORTEZ

Porém, no próprio século XVI, um outro discurso sobre Cortez, para além da imagem de herói da Cristandade e da civilização, ganhou alguma força. Isso foi possível após os primeiros anos de colonização espanhola na América, quando surgiram denúncias e queixas a respeito da ação dos conquistadores e colonos. Elas foram feitas em cartas e mesmo em obras publicadas. A maior parte das críticas fazia referência à violência usada pelos conquistadores contra os índios e aos maus-tratos que estes sofriam por parte dos colonos.

O dominicano Bartolomeu de Las Casas foi o maior representante de um grupo de homens que se colocou abertamente contra as práticas dos conquistadores, Cortez entre eles, na América. Sua obra mais conhecida é a *Brevíssima relação da destruição das Índias*, escrita em 1542, que descreve e reprova a crueldade dos soldados e a exploração dos nativos pelos *encomenderos* (aqueles que recebiam índios para a mão de obra, a partir de um favor real, e em troca lhes oferecia proteção e conversão ao catolicismo), afirmando que os crimes dos colonizadores seriam pagos com a condenação eterna no inferno.

Las Casas argumentou que Cristo era um Deus libertador e, assim, o reino dos céus anunciado no Evangelho devia ser predicado com amor e espírito de convencimento e não com violência ou escravidão. Seguindo essas ideias, fez uma crítica aberta às formas empregadas para a conquista e a colonização e atacou, inclusive, os religiosos que haviam argumentado que a conquista armada era um passo necessário à entrada do Evangelho na América. Em *História das Índias*, o frade defendeu os índios:

> [...] e tendo experiência que em nenhuma parte podiam escapar dos espanhóis, sofriam e morriam nas minas e nos outros trabalhos, quase como pasmados, insensíveis e pusilânimes, degenerados e deixando-se morrer, calando desesperados, não vendo pessoas no mundo a quem pudessem queixar-se nem que deles tivessem piedade.[1]

O dominicano divulgou as matanças coletivas de índios, a violação das índias, os assassinatos de centenas de chefes indígenas e o padecimento dos nativos por conta das epidemias trazidas pelos europeus. Para enfatizar o drama vivido pelos indígenas, Las Casas recorreu, em seus textos, à menção de diversas cenas bíblicas de cativeiro e sofrimento. Na tentativa de defender os índios e criticar os espanhóis, acabou passando a ideia de que os índios, vítimas das atrocidades dos conquistadores, eram fracos, indefesos e inferiores em termos militares, enquanto que os europeus eram pessoas cruéis, extremamente ambiciosas e superiores tecnicamente.

A repercussão dessas ideias no modo como muitos passaram a ver a história da América acabaria por reforçar o mito do indígena frágil e, por ser incapaz de se defender, dependente de ajuda externa, como se fosse uma criança. Elas seriam a base para teses de que o continente americano "jorrava sangue" por conta da violência causada por parte de todos os tipos de "conquistadores" e vivia "de veias abertas" ao domínio estrangeiro.

Nos textos de Las Casas, as ações de Hernán Cortez, que haviam sido grandemente elogiadas pelos cronistas anteriores, tomaram outra forma. O dominicano descrevia o capitão como um tirano sem escrúpulos, ladrão e assassino que, com sua série de crimes, havia arrasado os indígenas sem piedade.

As denúncias de Las Casas repercutiram já em sua própria época, entre setores da Igreja e da intelectualidade europeia. Entre 1550 e 1551, na cidade de Valhadolide, chegou a haver um debate ético e filosófico a respeito da conquista e da presença espanhola na América, travado entre Bartolomeu de Las Casas e o humanista Juan Ginés de Sepúlveda. Sepúlveda defendeu a ação dos conquistadores, alegando a superioridade da civilização espanhola (o que lhe dava, automaticamente, o direito de dominar outros povos, como bem entendesse), o grande valor de Cortez e a condição selvagem dos índios. O filósofo tentou mostrar que os índios americanos careciam de ciência, escrita e leis humanitárias, o que os incapacitava para constituir sociedades justas e racionais. Para ele, os índios eram partidários da idolatria e praticavam condenáveis sacrifícios humanos. Como não possuíam qualidades indicativas de vida civilizada, mereceriam ser subjugados e governados pelos espanhóis.

Las Casas, por sua vez, fez uma fervorosa defesa dos indígenas, baseado em argumentos religiosos como a igualdade de todos perante o único e verdadeiro Deus e a necessidade de compaixão e amor ao próximo.

Independentemente de quem tenha sido considerado o vencedor do debate, o fato é que essas duas imagens a respeito da conquista e, particularmente, de Cortez marcariam as tradições seguintes, as interpretações que vigorariam ao longo do tempo.

A NAÇÃO MESTIÇA E O SÉCULO XIX: CORTEZ ESQUECIDO

Durante o século XIX, a Independência do México em 1810 e a construção do Estado nacional na América trouxeram à baila a antiga dualidade a respeito da imagem de Cortez e da visão associada ao passado indígena.

Nos anos que se seguiram à Independência e ao nascimento da República em 1857, a luta política entre liberais e conservadores transformou o passado colonial na época do "atraso" da história mexicana. Para ambas as linhas, era preciso romper com o passado colonial em nome da civilização e do progresso, pois a Independência e, sobretudo, a República deveriam marcar um novo momento na história mexicana. Entretanto, se liberais e conservadores concordavam nisso, discordavam com relação ao que deveria ser minimamente preservado ou tomado como referência para a identificação da nacionalidade. Em outras palavras, não havia consenso a respeito de qual seria a nova memória da nação mexicana. Os políticos liberais pretendiam que a nação fosse identificada com as antigas raízes indígenas e os conservadores queriam que sua imagem se sustentasse exclusivamente no passado das guerras de conquistas e da glória dos espanhóis. De certo modo, os liberais pareciam ser herdeiros dos escritos de Las Casas e os conservadores, dos discursos que enalteciam as ações dos conquistadores.

Os dois lados, liberal e conservador, partiam do princípio de que o Estado nacional, em vez de aceitar a diversidade da sociedade real, deveria uniformizá-la mediante uma legislação geral, uma administração central e um poder único. Mas as suas posturas com relação à interpretação do passado teriam muitas dificuldades de lidar com a proposta de uniformização dos mexicanos, pois, antes de serem propostas integradoras, elas assumiam caráter extremista, sendo opostas. Ou o México construiria sua identidade tendo como base o mundo indígena e Cortez seria associado ao mal ou o México se identificaria com as glórias do povo espanhol e, portanto, Cortez seria associado ao bem e ao sucesso da civilização.

Como a primeira exigência do Estado era desaparecer com a sociedade heterogênea, os políticos não abriram mão da questão da uniformização. Para construir a nova nação se unificava então a língua e o sistema educativo; logo se uniformizava o país sob um único sistema econômico, administrativo e jurídico. Assim como outros no século XIX, o Estado mexicano começou a ser contemplado como uma entidade territorial integrada social e politicamente, que tinha um futuro comum, mas também apenas uma origem, um desenvolvimento no

O México republicano reconstruiu sua memória dando pesos distintos aos momentos históricos. Na imagem, a figura da República ocupa lugar central; do lado esquerdo, a herança do passado indígena e, do lado direito, os espanhóis. Cortez, símbolo da conquista, aparece colocado em segundo plano. [Capa da 1ª edição da coleção *México através dos séculos* (1880), anônimo]

tempo. Para isso, era preciso divulgar somente uma narrativa a respeito do que tinha ocorrido na história do país e, baseada em uma memória histórica comum, uma identidade nacional única que agregasse os mexicanos.

Porém, não era possível lidar com a divisão radical das posturas diferentes de liberais e conservadores, já que no México existiam milhares de pessoas que poderiam se sentir excluídas de uma ou de outra história. Por isso, mostrou-se vital encontrar outra maneira de se entender a história mexicana e, com isso, rever a imagem de Cortez, dos astecas, de modo que todos no México fossem contemplados. Essa nova história tinha que lidar com as diferenças e, por isso, começou a se forjar um novo discurso, o de uma nação mexicana mestiça.

Esse discurso – baseado em uma narrativa do passado mexicano unificadora de identidade cultural, como se fosse compartilhada pelos diversos grupos sociais – foi desenvolvido no chamado "Porfiriato", o segundo momento do governo de Porfírio Dias (1876-1911). O relato integrador das diversas raízes da nação foi divulgado por meio da coleção enciclopédica *México através dos séculos*, publicada em 1880. A partir disso, o México não era mais branco e nem índio, mas sim fruto da mestiçagem de dois povos. O organizador da coleção, Vicente Riva Palacio, trabalhou com conceitos científicos em voga na época, como o de raça, mostrando que o mexicano nascera da mistura de outras duas raças, tendo herdado as características boas de seus antepassados, o que fazia o mestiço estar, desde o início, destinado à grandeza.

A exaltação do mundo pré-colombiano ficava totalmente vinculada ao dever nacional, enquanto a época da colônia era considerada o momento em que o novo povo foi formado, a partir do cruzamento físico e espiritual entre indígenas e espanhóis.

Diante disso, a imagem de Cortez passava a ocupar uma posição ambígua na História do México. A conquista espanhola era vista como um momento de dor, por se tratar de um episódio responsável pela destruição violenta de uma antiga e maravilhosa cultura, a dos astecas, mas ao mesmo tempo, dessa destruição é que nascera o México mestiço. Cortez, então, passou a oscilar entre ser o causador da destruição da civilização asteca e o ponto de partida para a evolução da nação mexicana (concluída com o advento da República independente). Se Cortez era o assassino do passado indígena, era também o pai da futura nação mexicana. Montezuma seria apenas um fraco e Malinche, a índia intérprete que apoiou os espanhóis, uma traidora. Cuautemoc, o último líder dos mexicas, entretanto, recebeu uma estátua e passou a ser visto como o grande herói asteca, capaz de defender seu povo até a morte.

O MITO E A MEMÓRIA DO CONQUISTADOR 181

O líder indígena Cuautemoc aparece como herói da nação mestiça nesse monumento erguido em sua homenagem. [Foto de Luiz Estevam Fernandes, 2007.]

O mestiço, conforme as esperanças do século XIX, tornou-se o protagonista do progresso no México.

CORTEZ NO MURALISMO
DA REVOLUÇÃO MEXICANA

Durante a Revolução Mexicana de 1910, renasceu no México o projeto de fundar um Estado baseado em suas raízes indígenas. Durante o movimento revolucionário camponês, de luta por terra e contra "estrangeirismos", ocorreu um resgate do passado indígena e uma grande exaltação das tradições populares. No momento de conferir nova unidade ao país, não era mais possível esquecer-se de abarcar, no escopo da identidade nacional, os índios, os camponeses e os operários.

José Vasconcelos, secretário de Educação do novo governo formado após a vitória da revolução, procurou levar a cabo uma reforma educacional que proporcionasse o acesso ao conhecimento a todos os cidadãos do México. Para isso, entre outras coisas, recorreu à arte. Vasconcelos arregimentou artistas mexicanos para que pintassem as paredes dos principais edifícios públicos do país, pois acreditava que a pintura mural poderia ser um poderoso instrumento de divulgação da História para toda a população. José Clemente Orozco, Diego Rivera e David Alfaro Siqueiros foram os principais protagonistas desse movimento, o muralismo, que procurou, em sua temática, unir o passado ao presente do México.

Orozco, Rivera, Siqueiros e outros pintores formaram o chamado Sindicato de Pintores e Escultores que lançou um manifesto em defesa da socialização da arte, contra o individualismo burguês e a favor da produção exclusiva de obras monumentais acessíveis ao público em geral. José Vasconcelos ofereceu ao movimento os muros do Anfiteatro Bolívar, da Secretaria da Educação, da Escola Nacional de Agricultura, do Palácio de Cortez em Cuernavaca, as paredes laterais das escadarias e, mais tarde, as paredes dos corredores do Palácio Nacional.

As pinturas murais de Rivera acabaram se tornando a principal referência artística do México contemporâneo. No ano de 1927, o artista fez uma viagem à Rússia que seguramente serviu para reafirmar sua ideologia de esquerda e determinar em parte o conteúdo de sua obra. O que Diego Rivera produziu em vários de seus murais foi praticamente uma História gráfica, marcada por sua militância política com forte influência socialista. Ele levou para a temática de sua pintura sua visão da história do México e retratou determinados

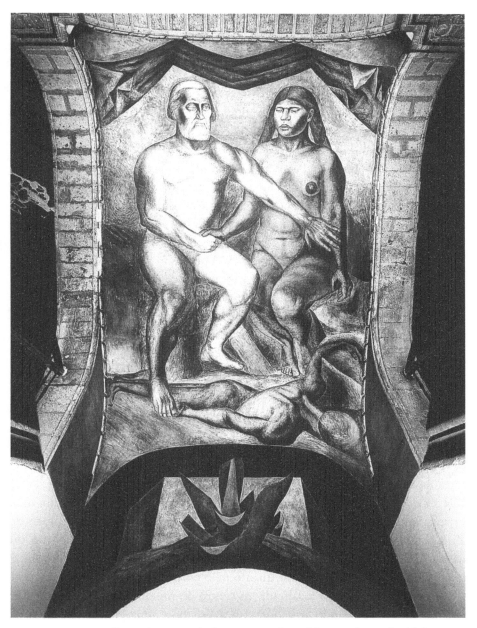

Em um de seus murais, Orozco retratou Cortez fisicamente forte, pai e viril. Ao mesmo tempo em que o conquistador protege a mulher indígena, exerce domínio sobre ela. No chão, o filho da conquista – o mestiço – é pisado por Cortez. [*Cortez e Malinche*, Mural de José Clemente Orozco (1926). Escola Nacional Preparatória, antigo Colégio de Santo Ildefonso.]

184 Hernán Cortez, civilizador ou genocida?

personagens históricos de acordo com suas convicções a respeito do passado, mas também das condições de vida das classes sociais mexicanas de sua própria época. A crueldade da conquista, a terrível situação da população indígena e a mísera situação dos operários e dos camponeses são denúncias feitas na obra de Rivera. O pintor conta uma História do México baseado nas ideias de luta de classes e de resistência dos oprimidos contra a violência dos opressores; assim, a exploração é retratada como uma constante na história mexicana. Índios astecas, camponeses ou operários são todos vistos como vítimas de uma mesma situação de opressão decorrente do conflito de classes. Segundo acreditava Rivera, a pintura era uma ferramenta importante para a conscientização da classe trabalhadora e a decorrente luta contra as injustiças sociais. Além disso, pensava que a arte era capaz de educar para a cidadania toda a população mexicana.

A figura de Hernán Cortez está presente em vários murais de Rivera: no Palácio de Cortez em Cuernavaca, no Palácio Nacional, no Hotel do Prado e no Teatro dos Insurgentes.

As pinturas murais do Palácio de Cortez em Cuernavaca são de 1929. Construído em 1531 a pedido do próprio capitão espanhol, lá Rivera retratou a conquista de Tenochtitlán como um episódio terrível por conta da luta desigual dada à superioridade técnica das armas europeias de guerra, dos maus-tratos e crueldades impingidos aos astecas e da consequente exploração dos conquistados pelos vitoriosos espanhóis. Hernán Cortez foi representado recebendo os pagamentos dos impostos indígenas, rodeado de soldados e com uma espada na mão direita, mostrando, com isso, seu caráter violento e impiedoso e suas motivações abomináveis.

Nas escadarias do Palácio Nacional, os trabalhos também começaram no ano de 1929, mas terminaram apenas em 1935. Numa grande pintura, que procura ser uma síntese da história do México, a figura de Cortez aparece três vezes. O Cortez da esquerda está ao lado da índia intérprete Malinche, que segura uma criança, representando a mestiçagem. Abaixo do casal, aparece o frei Juan de Zumárraga queimando alguns códices astecas, o que mostra a imposição do catolicismo sobre a religiosidade indígena. Esse primeiro Cortez é muito forte, tanto pelo rosto rígido, marcado, quanto pelo corpo musculoso.

A imagem do capitão localizada no centro do mural refere-se a um Cortez em movimento, portando armadura, lança, escudo e uma pluma na cabeça de modo a lembrar o aspecto agressivo da conquista espanhola.

O Cortez da direita está de frente para o padre Bartolomeu de Las Casas, que parece estar defendendo os indígenas diante da imagem furiosa de Cortez.

Diego Rivera pintou Cortez militar, forte e violento, destruindo a grandiosa cultura mexica. Para o muralista, Cortez era o símbolo do início da exploração do povo mexicano, assim como seriam mais tarde os latifundiários e as grandes empresas. [Parte do mural pintado por Diego Rivera no Palácio Nacional. Foto do autor, 2007.]

Nos anos de 1944 e 1945, Diego Rivera executou os murais dos corredores do Palácio Nacional. Cortez aparece no oitavo mural em que o pintor novamente denuncia os horrores da conquista. Porém, o que mais provoca comoção é a anatomia desproporcional, disforme e assimétrica da figura que representa Cortez, totalmente diferente dos trabalhos anteriores do artista. Essa deformação parece ser um símbolo do sentido negativo que Rivera atribuía à conquista e à colonização espanhola. Isso fica mais claro a partir de um contraponto entre esse oitavo mural e os outros, presentes no mesmo corredor, que mostram de forma positiva o antigo mundo asteca, retratado com cores muito vivas, com figuras harmônicas e proporcionais. É notório como o didático mural percebe o passado nitidamente dividido: de um lado, uma época de paz e desenvolvimento, de outro, o mundo de injustiças construído a partir da conquista espanhola. Esse maniqueísmo se repete nas pinturas em que aparecem camponeses e latifundiários, operários e empresários. Militares, políticos e sacerdotes também seriam personagens malvistos.

A história da conquista do México torna-se um exemplo de luta de classes, entre opressores e oprimidos, a partir da lente socialista de Rivera. Cortez, então, passa a ser um ícone dos exploradores no México.

Tais posturas podem ser encontradas não apenas na obra de Rivera, mas em todos os muralistas de sua época, que ficaram bastante impactados com a Revolução Russa de 1917.

Da mesma forma que a disputa política em torno da criação do Estado-nação no século XIX, a obra de Rivera dialogava com o presente e, mais do que simplesmente criticar Cortez, o pintor apresentou de maneira coerente suas propostas políticas. Condenar Cortez e valorizar o passado indígena era uma forma de dar destaque para as explorações que o artista percebia ocorrerem na época em que as obras de arte foram feitas. Rivera destacava como dominadores os latifundiários, os empresários, o imperialismo norte-americano e, ao mesmo tempo, resgatava o passado indígena idealizado. Com tais denúncias em forma de arte pretendia superar a injustiça social recorrente na história do México, a fim de se construir um futuro melhor para todos os mexicanos.

Por essa nova visão, na nação dos mestiços herdeiros da revolução mexicana não havia mais espaço para uma imagem positiva de Cortez. Pelo contrário, o capitão, a partir de então, seria o símbolo do mal, o responsável por uma ferida aberta e ainda não cicatrizada na história nacional mexicana.

PONTO FINAL

Hoje, no século XXI, a figura de Cortez parece habitar um espaço intermediário entre a imagem da destruição dos antigos astecas e a do nascimento de uma nova sociedade que desembocaria no México contemporâneo, que ainda se vê como mestiço. Portanto, a construção da identidade nacional mexicana ainda passa necessariamente pela figura de Hernán Cortez. Ele é referência de um fim, mas também de um começo. No México, Hernán Cortez é vinculado diretamente às atrocidades cometidas durante as campanhas militares da conquista espanhola, ao início da evangelização católica na América e à formação de um povo mestiço.

Em outros locais da Mesoamérica, como, por exemplo, a região maia do litoral de Iucatã (que ele nem mesmo chegou a visitar), a imagem de Cortez é menos

Escola para crianças indígenas em Temozón, península de Iucatã. Visto como destruidor do passado indígena por muitos mexicanos hoje, Cortez recebe nome de escola infantil em antiga região maia. Provavelmente, por não ter participado diretamente da conquista dessa região, a memória a seu respeito seja menos negativa. [Foto de Leandro Karnal.]

negativa do que a difundida no México a partir da Revolução de 1910, pelo fato de ele não ter participado diretamente das invasões e ocupações nessas regiões.

No Brasil, os livros didáticos ainda carregam muitas heranças dos tempos do regime militar, mas também refletem a postura intelectual esquerdista anti-imperialista desenvolvida por aqui a partir da década de 1960. Assim, os manuais escolares apresentam visões influenciadas fortemente pela historiografia europeia do século XIX – mostrando Cortez como um habilidoso gênio político e conquistador militar, líder dos espanhóis –, mas também como um agente violento e sanguinário de uma potência estrangeira.

Atualmente, no México, que se vê como nação mestiça desde o Porfiriato, o silêncio toma conta da imagem de Cortez. Ele quase não é lembrado, mas parece haver um esforço coletivo para fazer com que Cortez seja esquecido.

Ou seja, o "esquecimento" é proposital. Hoje, não há monumentos em sua homenagem. Seu túmulo se localiza em um lugar de difícil acesso; dentro de uma pequena igreja, permanece discreto e quase imperceptível, não figurando nos guias turísticos nem mesmo como curiosidade a ser visitada. Por outro lado, a estátua (feita no bastante apreciado estilo clássico) de Cuautemoc, último líder dos astecas, pode ser facilmente admirada, pois se ergue em uma das principais avenidas da Cidade do México.

Contudo, para mostrar que a contradição em torno do mito não termina: num povoado simples da península de Iucatã, chamado Temozón, existe uma pequena escola infantil para indígenas, com o objetivo de educar e formar as crianças para o futuro. Essa escola se chama Hernán Cortez.

NOTA

[1] Bartolomé de las Casas, *Historia de las Indias*, Edição de Augustín Millares Carlo, México, FCE, 1986, p. 206.

Posfácio do historiador Leandro Karnal

> *"Cortez não tem povo, é raio frio, coração morto na armadura."*
> Pablo Neruda, "Canto Geral"

A epígrafe de Pablo Neruda é forte na sua denúncia. Por vezes, a poesia foi fonte privilegiada para historiadores, como aprendemos com Homero. Mas Neruda toma sua pena das asas do condor – historiadores se arrastam no labirinto dos fatos. Contrariemos o chileno: Cortez tem povo, tem origem e biografia. Este livro o comprova.

A posição que temos diante de um general depende da nossa relação com as vítimas. Somos admiradores de Alexandre Magno e isso fala mais da nossa posição em relação aos gregos do que da ação do aluno de Aristóteles. Nossa memória dialoga com piedade filial com a cultura helenística que Alexandre buscou encarnar e não com a tradição persa ou do vale do Indo que ele invadiu. Herói civilizador ou genocida? Varia a adjetivação de acordo com a origem do leitor. Na fila das nossas afinidades eletivas, desfilariam, com certeza César, Carlos Magno e Napoleão. Desenvolvemos simpatias por estes algozes e pouco contato com os esqueletos que pavimentaram a estrada da sua fama. Todos mostram onde estamos e a quais povos desejamos a vitória ou a derrota. Esses líderes conduziram tropas e agora ainda ordenam mentes e corações.

Ocorre o mesmo com o tema desta biografia. Cortez guarda grandes ambiguidades, mais do que a média de um líder. Representa uma vitória estrondosa. Meio milhar de soldados, alguns canhões e cavalos: com esse escasso material, o espanhol colocou de joelhos um império vasto e populoso. Seu gênio político planejou e executou ações que merecem o qualificativo de espetaculares. Mas espetaculares para quem?

O México respondeu a essas questões com entusiasmo. Elegeu líderes onipresentes na memória coletiva, como Benito Juarez, e decidiu esquecer Cortez. Não existem praças ou ruas, monumentos ou prêmios com o nome do conquistador. Foi enterrado diversas vezes e a lápide atual é quase um esconderijo da identidade do marquês do vale. Nada similar ao túmulo ou à estátua de Pizarro, que, mesmo mudando de lugar com certa frequência, ainda traduz o orgulho equestre da cidade que fundou. Lima lembra; a Cidade do México esquece. Por quê?

O México do século XXI é fruto de várias forças formativas. Há um orgulho público do passado indígena e da glória de Tenochtitlán.

O Estado-nação mexicano buscou no passado pré-hispânico o que mais se aproximava do modelo de um Estado organizado que pudesse prefigurar o México atual. Encontrou a Confederação Mexica. Adotou-a em detrimento de todas as outras expressões políticas e culturais. Todos os mais de cem milhões de mexicanos atuais passaram a ser descendentes diretos do mundo asteca. Essa construção da memória coletiva foi fundamental para estabelecer o México atual. Se o mundo asteca é símbolo de todo mexicano, Cortez, seu carrasco, torna-se o inimigo público número um da nação moderna. Curiosamente, não existiria esse país sem a violência que o inaugurou. Cortez foi, ao mesmo tempo, pai e padrasto, e seus feitos mergulham a memória mexicana em areias sangrentas e incômodas.

POSFÁCIO   **191**

A Independência, realizada há dois séculos, é celebrada com furor. A Revolução Mexicana produz heróis do vulto de Zapata. Mas a Colônia é um patinho feio. A praça das Três Culturas, em Tlatelolco, apresenta uma versão dolorosa dessa memória: ali tombou Cuautemoc, a 13 de agosto de 1521. O episódio foi definido não como uma vitória ou derrota, mas como o doloroso nascimento de um povo mestiço. Destaca-se a violência e aparece a ambiguidade. Sem Cortez, o México não existiria, não seria católico, não falaria espanhol, não seria o país que é hoje, para o bem e para o mal.

A dor se aprofunda: Cortez usou de violência para conquistar a Confederação Mexica. Sua astúcia, no senso comum maquiavélica, e seu uso do poder de morte o marcam com uma sombra difícil. Porém, ele venceu o Estado e a elite guerreira asteca. Os canais de Tenochtitlán ficaram atulhados de cadáveres. Cortez virou marquês do vale, rico e com dezenas de milhares de indígenas a seu serviço pessoal. Cronistas como frei Jerônimo de Mendieta o comparam a um novo Moisés. Um homem que abriu uma espécie de mar Vermelho e lançou pragas contra idólatras. Um enviado de Deus a serviço da evangelização. Cortez morreu muito além da obscuridade que marcou seu nascimento. Tomou sua vida nas mãos como agente histórico consciente e foi aonde sua ambição o levou. Fama, fé e fortuna acompanhavam suas ações; ainda que os homens do século XXI sempre desconfiem do item fé como motor histórico do XVI.

O que pensava um homem destes? Que carisma tinha para convencer dezenas de espanhóis a descumprirem a lei e fugirem de Cuba sem autorização? Como magnetizou um governante e paralisou uma reação na capital do mundo mexica? Como desceu até o golfo do México e convenceu os outros soldados que vinham prendê-lo a se juntarem na empreitada incerta sob sua liderança? Como redefiniu as relações com o imperador espanhol através de suas *Cartas de Relação*? Como voltou para a Espanha para defender seu legado? Como administrou filhos legítimos e ilegítimos com relativo sucesso? Por que temos este fascínio por figuras manchadas por boa porção de sangue? Que parte da nossa violência social e individual Cortez exorciza?

Essas questões cruciais e definidoras da história mexicana e espanhola são respondidas neste livro. Marcus Vinícius de Morais lançou-se há muito tempo na busca dessas respostas. Seguiu a tarefa com clareza didática na narração bem construída e fôlego de pesquisador profissional. Nascido de frente para o mesmo Atlântico que Cortez cruzou e formado na graduação e na pós pela Unicamp, ele se entregou à paixão pela América em geral e pelo México em particular. Na sobreposição de culturas da Cidade do México, iniciou essa trajetória de elucidar para o público brasileiro o fio biográfico de Hernán Cortez. Agora, o leitor brasileiro pode entrar nesta narrativa bem construída e bem fundamentada. Diante de nós paira a esfinge corteziana, insinuando decifração ou aniquilamento.

CRONOLOGIA

1485: Nasce Hernán Cortez em Medelim, Extremadura, Espanha.
1499: Cortez vai a Salamanca estudar latim e leis.
1501: Abandona os estudos e volta a Medelim.
1502/1503: Desloca-se para Valhadolide e aprende o ofício de escrivão.
1504: Viaja a São Domingos na frota de Alonso Quintero.
1511: Vai com Diego Velásquez à conquista de algumas possessões em Cuba.
1514: Cortez casa-se com Catalina Soares Marcaida, entra em atrito com Velásquez, vai preso e escapa.
1517: Parte de Santiago de Cuba a expedição de Francisco Córdoba que descobrirá Champotón.
1518: (18/4): Parte de Cuba a expedição de Juan de Grijalva que atinge Cozumel e São João de Ulúa.
(23/10): Velásquez transmite suas instruções a Cortez, nomeado então capitão de uma nova expedição para reconhecer terras no continente.

1519: (18/2): Parte da ilha de Cuba a expedição de Hernán Cortez.

(27/2): A expedição chega a Cozumel.

(22/3): A expedição atinge o rio Grijalva, em Tabasco.

(15/4): A índia Malinche é entregue ao capitão espanhol.

(22/4): A expedição chega a São João de Ulúa.

(24/4): Mensageiros de Montezuma fazem contato com o grupo espanhol.

(1 a 3/6): Viagem a Cempoala.

(18/6): Retorno de Cempoala.

(26/7): Os procuradores Francisco Portocarrero e Montejo partem em direção a Castela com cartas e presentes para Carlos V.

(16/8): A expedição de Cortez sai de Cempoala em direção ao interior do México.

(1 a 10/09): Combate contra os tlascaltecas.

(18 a 23/9): Após a vitória sobre os tlascaltecas, os espanhóis chegam à cidade de Tlascala.

(11/10): Saída de Tlascala, agora com os tlascaltecas como aliados.

(12/10): Chegada a Cholula.

(19/10): Massacre de Cholula.

(1/11): Saída de Cholula.

(8/11): Cortez e seus homens chegam a Tenochtitlán.

(14/11): Prisão de Montezuma.

1520: (Primeiros dias de maio): Chegada da expedição de Narvaes à costa de Vera Cruz.

(Meados de maio): Matança do Templo Maior no México. Início da guerra contra os mexicas.

(27/5): Prisão de Narvaes em Cempoala e fracasso de sua expedição.

(24/6): Cortez retorna a Tenochtitlán.

(28/6): Morte de Montezuma.

(30/6): Noite Triste – fuga dos espanhóis de Tenochtitlán.

(8/7): Chegada de Cortez e seus homens às terras de Tlascala.

(Entre julho e outubro de 1520): Cortez recebe reforços e prepara a reconquista de Tenochtitlán.

(Outubro): Início da confecção dos bergantins.

(25/11): Morre Cuitlahuac, sucessor de Montezuma, de varíola. Assume Cuautemoc como líder de Tenochtitlán.

CRONOLOGIA 195

(22/12): *Ordenanças militares*: Cortez apresenta regras e disciplina o exército espanhol.

1521: (Entre janeiro e abril): Chegam reforços que fazem duplicar o exército de Cortez.

(Entre fevereiro e março): Termina em Tlascala a construção dos bergantins que são, então, transportados até Texcoco.

(30/5): Início do sítio à Tenochtitlán.

(13/8): Captura de Cuautemoc e fim da resistência guerreira mexica.

(Fim de novembro): Início da reconstrução – Cidade do México.

1522: (22/2): O soldado Parillas inicia a exploração da região de Michoacán.

(Meio do ano): Carlos v nomeia uma comissão para decidir as disputas entre Cortez e Velásquez.

(17/7): Chega a Michoacán a expedição de Cristóvão de Olid.

(Por volta de julho): Procuradores de Cortez com tesouro para Carlos v são assaltados por corsários franceses.

(15/10): Carlos v assina cédula real, nomeando Cortez governador, capitão-geral e de justiça maior da Nova Espanha.

(1/11): Morre em Coioacán Catalina Soares, primeira esposa de Cortez.

(Dezembro): Constitui-se o primeiro *cabildo* da Cidade do México.

1523: (Maio): Cortez recebe na Cidade do México a cédula real que o nomeia governador.

(26/6): Instruções de Carlos v a respeito do tratamento de índios e questões de governo.

1524: (11/1): Sai de Vera Cruz a expedição de Cristóvão de Olid para explorar Honduras.

(Início do ano): Chegam ao México os funcionários da Coroa Alonso de Estrada, Rodrigo de Albornoz, Gonçalo de Salazar e Peralmides Quirino.

(13/5): Chega a Vera Cruz um grupo de doze franciscanos liderados pelo frei Martim de Valencia, entre eles estava o frei Toríbio de Benavente, o "Motolinía". Um mês depois chegam à Cidade do México.

(12/10): Parte da Cidade do México a expedição de Cortez em direção a Honduras.

1525: (28/2): Cuautemoc é enforcado.

1526: (25/4): Cortez inicia o regresso pelo mar, partindo de Trujillo, Honduras.

(1/5): Cortez chega a Havana, Cuba.

(16/5): Cortez sai de Cuba rumo a Vera Cruz.

(19/6): Chega à Cidade do México e reassume seu posto de governador-geral.

(27/6): Em seu último ato como governante, Cortez doa terras para as filhas de Montezuma.

(2/7): Chega o juiz Luis Ponce de León para iniciar o Julgamento de Residência de Cortez e tirá-lo do governo do México.

(20/7): Morre Ponce de León. Marcos de Aguilar torna-se governador do México.

(5/9): Marcos de Aguilar obriga Cortez a renunciar aos cargos de capitão-geral e administrador de índios.

1527: (1/3): Morre Marcos de Aguilar.

(Entre março e agosto): Gonçalo de Sandoval e Alonso de Estrada substituem Aguilar no governo da Nova Espanha.

1528: (5/4): Carlos v envia instruções a Cortez para que viaje à Espanha. Nessa mesma data, o rei assina instruções para que a Audiência prossiga o Julgamento de Residência de Cortez.

(Meados de abril): Cortez parte de Vera Cruz em direção à Espanha.

(Julho): Primeira entrevista com o imperador Carlos v, em Toledo. Cortez recebe o título de marquês do vale de Oaxaca.

(25/7): De Madri, Cortez envia ao rei um memorial de pedidos.

1529: (Janeiro): Começam na Cidade do México os interrogatórios das testemunhas contra Cortez no Julgamento de Residência.

(Abril): Cortez viaja a Zaragoza com Carlos v. No mesmo mês, casa-se com Joana de Zuniga.

(6/7): Cortez recebe do rei as cédulas de favores e honras e nova nomeação como capitão-geral da Nova Espanha e Mar do Sul.

(27/10): Capitulação real para que Cortez inicie descobrimentos no Mar do Sul.

1530: (Março): Cortez viaja à Nova Espanha com uma comitiva de 400 pessoas.

(Entre abril e junho): A comitiva se detém em São Domingos

(Agosto): Cortez vai para Tlascala e, em seguida, para Texcoco.

(10/10): Escreve ao rei relatando seus problemas.

1531: (9/1): Chegam à Cidade do México os ouvidores da segunda Audiência. Cortez já pode entrar na Cidade do México, mas acaba se instalando em Cuernavaca.

1532: (19/4): A Audiência multa Cortez por haver usado índios para transportar cargas sem pagar à monarquia por esse serviço.

(30/6): Primeira expedição enviada por Cortez ao Mar do Sul. Saem de Acapulco dois navios sob o comando de Diego Furtado de Mendonça.

(Novembro): Cortez se instala na praia de Tehuantepec para supervisionar o estaleiro em que constrói navios para suas expedições.

1533: (24/1): Os índios de Cuernavaca se queixam dos excessos de impostos e serviços que lhes impõe Cortez.

(30/10): Segunda expedição ao Mar do Sul.

1535: (15/4): Terceira expedição ao Mar do Sul, agora com a presença de Cortez.

(14 ou 15/9): Chega à Cidade do México o primeiro vice-rei da Nova Espanha, dom Antônio de Mendonça.

1536: (Abril): Cortez retorna a Acapulco.

(5/6): Em Cuernavaca, Cortez envia uma expedição para ajudar Francisco Pizarro no Peru, comandada por Fernando de Grijalva.

1539: (8/6): Quarta expedição ao Mar do Sul. Cortez visita suas minas em Tasco.

(24/8): O vice-rei Mendonça passa a ter o controle de todos os navios que entram e saem das expedições em direção ao Mar do Sul e ordena que se tome o estaleiro de Tehuantepec, com todos os navios e aparelhos.

(Dezembro): Cortez embarca para a Espanha com os seus filhos Martim, "O Sucessor", e Luis, e com o capitão André de Tapia.

1540: (25/6): Cortez envia ao imperador Carlos v um memorial a respeito das ofensas e das agressões que lhe fez o vice-rei Mendonça. Fica sabendo que não pode voltar mais à Nova Espanha até que se resolva definitivamente o seu Julgamento de Residência.

1541: (25/10): Desastre de Argel.

1542: Cortez envia cartas com queixas ao imperador Carlos v.

1544: Cortez se instala em Valhadolide.

(22/9): Pede ao Conselho das Índias que desista de seu Julgamento de Residência, em nome de todos os seus serviços prestados ao rei.

(Novembro): Encontro de Cortez com Juan Ginés de Sepúlveda.

1546: (7/4): Cortez se instala em Madri.

(Setembro): Cortez se muda para Sevilha.

1547: (30/8): Penhora joias e objetos de sua casa.

(12/10): Dita seu Testamento.

(2/12): Morre em Castilleja de La Cuesta.

(3/12): Abertura e leitura do Testamento de Cortez.

(4/12): Enterro de Cortez na capela de São Isidoro do Campo, próximo a Sevilha.

Fontes e documentos

Acosta, José de. *História Natural y Moral de Las Índias.* México: FCE, 1985.

Aguilar, Fray Francisco de. *Historia de la Nueva España.* México: Ediciones Botas, 1938.

Carta de Benito Martín, capellán de Diego Velásquez, al Rey, acusando a Hernán Cortés de haberse alzado em las islas Ulúa y Fernandina contra su majestad. *Documentos Cortesianos.* México: FCE, 1992. (Organização José Luis Martínez)

Carta de Diego Velásquez a Juan Rodríguez de Fonseca con informes sobre la desobediencia de Hernán Cortés con la armada que puso a su cargo. *Documentos Cortesianos.* México: FCE, 1992. (Organização José Luis Martínez)

Carta de Hernán Cortés al ayuntamiento de México informando su próxima llegada a la ciudad de México. *Documentos Cortesianos.* México: FCE, 1992. (Organização José Luis Martínez)

Carta del ejército de Cortés al imperador. *Documentos Cortesianos.* México: FCE, 1992. (Organização José Luis Martínez)

CARTA RESERVADA DE HERNÁN CORTÉS al emperador Carlos v. *Documentos Cortesianos*. México: FCE, 1992. (Organização José Luis Martínez)

CASTILLO, Bernal Díaz del. *Historia verdadera de la conquista de la Nueva España*. México: Porrúa, 2007.

CLAVIJERO, Francisco Javier. *Historia Antigua de México*. México: Porrúa, 2003.

CORTÉS, Hernán. *Cartas de Relación*. Madrid: Dastin, 2007.

DURÁN, Diego. *Historia de las Indias de Nueva España e islas de la terra firme*. México: Porrúa, 1984.

GÓMARA, Francisco López de. *La Conquista de México*. Madrid: Dastin, 2000.

INSTRUCCIONES DE CARLOS V a Hernán Cortés sobre tratamiento de los indios, cuestiones de gobierno y recaudo de la real hacienda. *Documentos Cortesianos*. México: FCE, 1992. (Organização José Luis Martínez)

INSTRUCIONES DE DIEGO VELÁSQUEZ a Hernán Cortés. *Documentos Cortesianos*. México: FCE, 1992. (Organização José Luis Martínez)

LAS CASAS, Bartolomé de. *Historia de las Indias*. México: FCE, 1965.

MENDIETA, Gerónimo de. *História Eclesiástica Indiana*. México: Cien de México, 1997.

MEMORIAL DE HERNÁN CORTÉS a Carlos v acerca de los agravios que le hizo El virrey de la Nueva España impidiéndole de los descubrimientos en el Mar del Sur. *Documentos Cortesianos*. México: FCE, 1992. (Organização José Luis Martínez)

MEMORIAL PRESENTADO al real consejo por Don Martín Cortés de Monroy, padre de Hernán Cortés em nombre de su hijo. *Documentos Cortesianos*. México: FCE, 1992. (Organização José Luis Martínez)

MOTOLINIA, Toríbio de Benavente. *História de los indios de la Nueva España*. México: Porrúa, 1995.

ORDENANZAS MILITARES mandadas pregonar por Hernando Cortés en Tlaxcal, al tiempo de partirse para poner cerco a México. *Documentos Cortesianos*. México: FCE, 1992. (Organização José Luis Martínez)

ORDENANZAS MUNICIPALES para las villas de la Natividad y Trujillo en Honduras. *Documentos Cortesianos*. México: FCE, 1992. (Organização José Luis Martínez)

REAL CÉDULA DE NOMBRAMIENTO de Hernán Cortés como gobernador y capitán general de la Nueva España e instrucciones para su gobierno. *Documentos Cortesianos*. México: FCE, 1992. (Organização José Luis Martínez)

SAHAGUN, Bernardino de. *Historia General de las cosas de Nueva España*. México: Porrúa, 2006.

TESTAMENTO DE Hernando Cortés. *Documentos Cortesianos*. México: FCE, 1992. (Organização José Luis Martínez)

BIBLIOGRAFIA

BETHELL, Leslie. *História da América Latina – América Latina Colonial*. São Paulo: Edusp, 1998.

BRUIT, Hector Hernán. América Latina: quinhentos anos entre a Resistência e a Revolução. *Revista Brasileira de História*. São Paulo: Anpuh/Marco Zero, vol.5, n.10, 1985.

_____. *Bartolomé de Las Casas e a simulação dos vencidos*. Campinas: Editora da Unicamp, 1995.

CASO, Alfonso. *El pueblo del sol*. México: FCE, 1994.

CLENDINNEN, Inga. *Aztecs: an interpretation*. New York: Cambridge Press, 1991.

FERNANDES, Luiz Estevam de Oliveira; MORAIS, Marcus Vinícius de. Renovação da História da América. *História na sala de aula*. São Paulo: Contexto, 2003.

_____. *Patria Mestiza*: memória e história na invenção da nação mexicana entre os séculos XVIII e XIX. Campinas, 2009. Tese (Doutorado) – IFCH da Unicamp.

FLORESCANO, Enrique (org.). *Espelho mexicano*. México: FCE, 2002.

_____. *Memoria mexicana*. México: Taurus, 2001.

FREITAS NETO, José Alves de. *Bartolomé de Las Casas*: a narrativa trágica, o amor cristão e a memória americana. São Paulo: Annablume, 2004.

GRUZINSKI, Serge; BERNARD, Carmen. *História do Novo Mundo*. São Paulo: Edusp, 2001.

KARNAL, Leandro. Mendieta: Novo Mundo e Fim de Mundo. *Revista Brasileira de História*. São Paulo: Anpuh/Marco Zero, vol.11, n.21, 1991.

_____. *Teatro da fé*: representação religiosa no Brasil e no México do século XVI. São Paulo: Hucitec, 1998.

_____. *A conquista do México*. São Paulo: FTD, 1992.

LACROIX, Jorge Gurría. *Hernán Cortés y Diego Rivera*. México: Unam, 1971.

LAFAYE, Jacques. *Quetzalcóatl y Guadalupe: la formación de la conciencia nacional en México*. México: FCE, 1974.

LINARES, Federico Navarrete. *La Conquista de México*. México: Tercer Milenio, 2000.

MARTÍNEZ, José Luis. *Hernán Cortés*. México: FCE, 1990.

_____. La persona de Hernán Cortés. *Arqueologia Mexicana – La ruta de Cortés*. México: INAH, 2001.

MORAIS, Marcus Vinícius de. A Nova Espanha e a confissão nos séculos XVI e XVII. *Revista Aulas*. Campinas, 2007. Disponível em <www.unicamp.br/~aulas/4_5.htm.htm>. Acesso em: 20 fev. 2011.

_____. O sacramento da penitência na Nova Espanha na passagem do século XVI para o XVII. *Notícia bibliográfica e Histórica*. PUC – Campinas, n. 203, 2007.

_____. As conquistas das crônicas a partir das crônicas das conquistas: história, memória e escrita. *Revista Ideias*. Campinas: Editora da Unicamp, 2007.

_____. José de Acosta: História Moral e Natural das Índias. História da América a partir de cronistas. *Revista Ideias*. Campinas: Editora da Unicamp, 2007, v. 2.

_____. El Dorado Espiritual – O milenarismo na América espanhola e a obra de Motolinía. *Notícia bibliográfica e Histórica*. PUC – Campinas, n. 199, 2006.

_____. Bernal Díaz – as guerras de conquista: empresa coletiva, participação de todos. História da América a partir de cronistas. *Revista Ideias*. Campinas: Editora da Unicamp, 2004.

_____. Hernán Cortés: A Conquista do México, a conquista da escrita e da História. História da América a partir de cronistas. *Revista Ideias*. Campinas: Editora da Unicamp, 2004.

PAZ, Octavio. *El laberinto de La soledad*. México: FCE, 1950.

PORTILLA, Miguel León. *A visão dos vencidos*. Porto Alegre: LP&M, 1987.

_____. *Los antiguos mexicanos*. México: FCE, 1992.

PRESCOTT, William. *The Conquest of Mexico*. New York: Washington Square Press, 1966 (1843).

REIS, Anderson Roberti dos; FERNANDES, Luiz Estevam de Oliveira. A crônica colonial como gênero de documento histórico. *Revista Ideias*. Campinas: Editora da Unicamp, 2007.

RESTALL, Matthew. *Sete mitos da Conquista Espanhola*. Rio de Janeiro: Civilização Brasileira, 2006.

RICARD, Robert. *La conquista espiritual de México*. México: FCE, 1994.

SANTOS, Eduardo Natalino dos. *Deuses do México indígena*. São Paulo: Palas Athena, 2002.

SILVA, Janice Theodoro. *América barroca*: tema e variações. São Paulo: Edusp, 1992.

TODOROV, Tzvetan. *A conquista da América*: a questão do outro. São Paulo: Martins Fontes, 1992.

O AUTOR

Marcus Vinícius de Morais, natural de Santos, litoral do estado de São Paulo, é mestre em História Cultural pela Universidade de Campinas (Unicamp). Há 12 anos pesquisa a história do México e dos conquistadores espanhóis em fontes de época e crônicas de viagens já publicadas, mas também em documentos originais que se encontram arquivados na Cidade do México. Foi pesquisador da Fundação de Amparo à Pesquisa do Estado de São Paulo (Fapesp). Atualmente, além das atividades de pesquisa, dedica-se à docência e promove palestras especialmente sobre História da América e Ensino de História. É coautor das obras *História dos Estados Unidos: das origens ao século XXI*, *Novos temas nas aulas de História*, *História na sala de aula* e *Eles formaram o Brasil*, todas publicadas pela Editora Contexto.

AGRADECIMENTOS

Aos meus amados pais, João Luiz e Solange Herrero. Eles ainda são os pilares da minha vida, me fornecendo amor e compreensão necessária à execução das tarefas mais difíceis. À minha querida avó Cleide Faria e à sua inigualável força, pois seu corpo frágil já carregou muitos pianos. Às minhas queridas tias Simone e Sulmara e aos queridos primos Vitória e Matheus. Aos meus queridos tios de São Vicente: Ana, Terezinha, José Morais Júnior, Alfredo e Eufrosino e aos seus respectivos descendentes. À amada prima-irmã Inah Carolina e ao seu marido, Fernando Proença. Ao eterno amigo da praia, Saulo Folha, pelos anos de cumplicidade e companheirismo. Ao irmão Eduardo Fernandes, companheiro incansável de muitas jornadas e, claro, aos seus queridos pais dona Jurema e senhor Milton – gosto deles como se fossem minha família. Não posso esquecer os eternos amigos da infância, da adolescência e da vida adulta: Giovani Faria Muniz, Janderson Lourenço, Anthony Suzuki, Wagner Ribeiro, Cláudio "Bira" e Vanessa Roma. Também não poderia deixar de mencionar o meu amigo de Santos e agora irmão de Campinas, Fernando Antunes Lopes. Ao amigo Célio Ricardo

Tasinafo, que atura semanalmente o meu mau humor com muito bom humor. Ao flamenguista JP e à sua pequena grande esposa medievalista Carol Gual.

Agradeço ainda ao professor Leandro Karnal, que sempre depositou muita confiança em mim. Uma vez ele escreveu que uma índia mexicana tinha lhe dito que um cordão mágico unia todas as pessoas do mundo. Ele acreditou nisso, eu também. Essa fé foi a base de nossa relação de pesquisa.

Lembro também o professor José Alves de Freitas Neto, pela amizade e grande respeito profissional, e os demais professores que tiveram muita influência em minha formação: Héctor Bruit, Celia Maria Marinho de Azevedo, Leila Mezan Algranti, Janice Theodoro da Silva, Eduardo Natalino dos Santos, Paulo Miceli, Silvia Hunold Lara e Pedro Paulo Funari. Agradeço aos amigos Luiz Estevam de Oliveira Fernandes e Aline Vieira, doutores prodígios, e Diego Lopez Silva, historiador da Arte.

Recordo com nostalgia a Cidade do México, em especial os bairros de Coioacán, San Ángel, e a bela cidade de Acapulco. Certa vez, de táxi, um motorista mexicano me disse: "No México mágico, tudo é possível". Jamais esquecerei essa frase, aliás, muito comentada pelo amigo Anderson Roberti Reis (ele não sabe, mas sinto saudades das nossas conversas).

Agradeço à Editora Contexto e à grande confiança em mim depositada por Luciana Pinsky, Jaime Pinsky e Carla Pinsky, os editores.

Para encerrar agradeço à minha amada Carmen Mir, companheira incansável de todo e qualquer programa, seja de espanhol ou de índio, e à pequena Sophia, a "Gorditcha", companheira manhosa e mimada de todos os dias.